DE
L'ESPRIT NATIONAL

PAR

A. FAYET

AVEC UNE PRÉFACE

DE

M. Alexandre WEILL

PRIX : 50 CENT.

PARIS

CHEZ DENTU, LIBRAIRE

PALAIS-NATIONAL, GALERIE D'ORLÉANS

1850

DE
L'ESPRIT NATIONAL.

PARIS. IMPRIMERIE DE J.-B. GROS,
rue du Foin-St-Jacques, 18.

DE
L'ESPRIT NATIONAL

PAR

A. FAYET

AVEC UNE PRÉFACE

DE

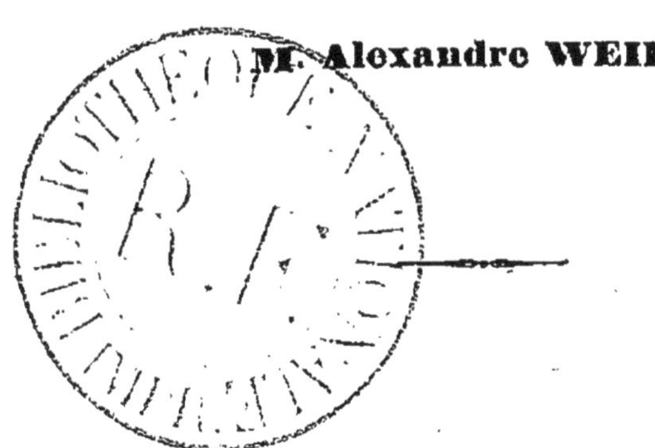

M. Alexandre WEILL

PARIS

CHEZ DENTU, LIBRAIRE

PALAIS-NATIONAL, GALERIE D'ORLÉANS

1850

A MONSIEUR LE GÉNÉRAL

COMTE DE BOURBON-BUSSET.

Monsieur,

Vous m'avez permis de mettre votre nom en tête de cet écrit consacré à la défense du droit héréditaire et des libertés nationales.

Ce nom, déjà illustré à Saint-Quentin, à Weissembourg, à Raucoux et à Rosbach, vous l'avez porté avec honneur sur les champs de bataille de l'Empire.

Tous les souvenirs de votre famille montrent comment l'esprit national sait unir dans les âmes françaises la Monarchie, la Gloire et la Liberté. La France est dans ces trois mots.

Je suis, avec le plus profond respect,

Monsieur le général,

Votre très-humble serviteur,

A. FAYET.

PRÉFACE.

Ce livre — car c'est un livre — n'a pas besoin de recommandation. En eût-il besoin, ce n'est pas moi qui oserais m'ériger en juge. Dans la presse du droit national, je ne suis qu'un soldat indiscipliné, faisant feu sur l'ennemi sans attendre le commandement.

M. Fayet, l'auteur de la biographie de M. de Genoude, — cet esprit pur, que Dieu nous a enlevé, probablement pour lui épargner la vue des misères révolutionnaires, — a bien voulu me communiquer son écrit. Je n'ai pu m'empêcher de lui faire connaître ma sympathie pour ses idées, et mon admiration pour son talent.

Avec ce livre, M. Fayet prend rang dans les écrivains du devoir et du savoir.

Évitant la passion, écartant tout esprit de parti, l'auteur aborde de front les questions fondamentales de la société politique et les résout avec une logique serrée, concise et irréfragable.

Tout dans ce livre n'est pas nouveau; la presse du droit national agite ces questions tous les jours, mais tout y est vrai. C'est l'essentiel. La vérité, du reste, n'est jamais nouvelle. Elle est déjà dans le Verbe qui est le commencement de tout.

On a souvent demandé une définition du droit national. On a surtout insisté à établir la différence entre les hommes du droit national et les hommes du droit monarchique.

Je vais essayer de préciser cette différence en quelques mots. L'idée m'en est venue, après avoir lu le livre de M. Fayet.

Les hommes du droit national regardent le pouvoir comme un *devoir*, jamais comme un *droit*. Si ce pouvoir est dans le peuple, son premier *devoir* est d'instituer la royauté héréditaire, afin de garantir la liberté par l'ordre. Si, au contraire, ce pouvoir est monarchique, son premier *devoir* est de garantir l'ordre par les libertés nationales.

Le pouvoir n'est jamais un droit absolu. Dès qu'on l'exploite comme un droit, il s'avilit et dégénère soit en despotisme, soit en anarchie. La monarchie s'est perdue, parce que des ministres mediocres et corrompus l'ont exploitée comme un droit, sans en remplir les devoirs.

Le suffrage universel se perdra également, si, au lieu de

faire son devoir par le retour au pouvoir héréditaire et légitime, il ne songe qu'à exercer ses droits. Ces droits de liberté ne pouvant, en aucune manière, être garantis que par l'ordre du pouvoir héréditaire.

Il n'est donné à aucune force humaine, ni divine — car Dieu a fait des lois qu'il suit lui-même — de tirer soit l'ordre, soit la liberté d'un pouvoir électif. Quoi qu'on fasse il aboutira toujours ou à l'anarchie et au communisme, ou au despotisme et à la corruption. Ce sera toujours ou Rome avec ses dictateurs et ses esclaves, ou bien 93 avec ses conventionnels et ses assommeurs.

Le suffrage universel ne peut donc exister que par le devoir qui lui ordonne de revenir à l'hérédité du pouvoir.

Mais ce devoir n'exclut et ne doit jamais exclure sa liberté.

Pas plus que le devoir de la monarchie n'exclut et ne doit jamais exclure sa liberté de mouvement et de volonté.

Ceux qui croient à un droit exclusif au-dessus de ce devoir et de cette liberté, sont des absolutistes, soit monarchiques, soit républicains.

Ils croient aimer la monarchie ou la république. Ils ne font que l'exploiter dans un intérêt égoïste au nom du droit.

Le devoir oblige, le droit exige.

Malheur au pays où ces hommes dominent. Il tombera du despotisme dans l'anarchie, et de l'anarchie dans le despotisme. C'est l'abîme qui appelle l'abîme.

Le droit national n'est autre que le droit de faire son devoir.

Ce sont les hommes du droit absolu qui ont compromis le pouvoir héréditaire. C'est aux hommes du droit national de le réinstituer.

Ce sont encore les hommes du droit absolu qui ont supprimé toutes les libertés nationales, qui, semant l'anarchie, ont récolté le despotisme. C'est aux hommes du droit national de sauvegarder ces libertés, par le pouvoir héréditaire, leur seul appui, leur seul tuteur.

En un mot, le droit national sera à la fois le tombeau des révolutions et le berceau des réformes populaires.

Sa trinité est : *Loi, Roi, Foi.*

Sa devise : *Plutôt mourir que pourrir !*

ALEXANDRE WEILL.

« La France est une République qui a pour chef le Droit héréditaire. »

Agathias. — VIe siècle.

« La France roulera de cercle en cercle, jusqu'à ce qu'elle se soit replacée sur ses deux bases : l'hérédité du trône et le vote universel. »

Genoude. — 1832.

« Ce fut un beau spectacle, dans le siècle passé, de voir les efforts impuissants des Anglais pour établir parmi eux la démocratie..... Le peuple, étonné, cherchait la démocratie et ne la trouvait nulle part. Enfin, après bien des mouvements, des chocs et des secousses, il fallut se reposer dans le gouvernement même qu'on avait proscrit. »

Montesquieu. — Esprit des Lois.

L'ESPRIT NATIONAL.

I.

Que les lois générales de la Société sont nécessaires.

L'intelligence éclate partout dans les plans de la création, et l'intelligence n'agit pas au hasard et sans raison.

Il y a donc une raison primitive qui a créé le monde pour un but, pour une fin déterminée.

Tout but suppose un ensemble de forces et de lois générales qui ont leur raison d'être dans les rapports et la nature des êtres, aussi bien que dans les volontés de la raison divine.

Ces lois générales se manifestent dans les faits. C'est là qu'il faut les étudier, et l'histoire n'est que l'action de ces lois du monde intellectuel rendue sensible dans les faits.

Or, dans l'étude de l'humanité, la société est le fait primitif, nécessaire, universel.

L'homme, hors de la société, n'est qu'une

créature incomplète et stérile, qu'un être impuissant et misérable. C'est le sauvage ou le crétin.

Sans la famille, l'homme ne peut conserver la vie, ni la transmettre, et la famille ne peut se développer sans l'état politique.

La famille, l'État, la Société, en un mot, n'est donc pas une création de la raison humaine, puisque, sans elle, la raison même ne serait qu'une faculté informe, enfouie, ignorée comme l'étincelle éternellement cachée dans les veines du caillou, si le choc extérieur ne l'en fait jaillir.

La société est dans la nature de l'homme, et ses lois sont nécessaires et invariables comme les rapports naturels qu'elles expriment.

Il y a donc au-dessus de l'homme des lois politiques qu'il n'a point faites, qui le dominent, qui s'imposent à son intelligence. Ce sont les lois générales et constitutives de la société.

II.

Que l'autorité est la première loi de la société, et que l'hérédité du pouvoir est la forme naturelle du principe d'autorité.

De toutes les lois naturelles de la société, il n'y en a pas de plus fondamentale que le principe d'autorité.

Otez l'autorité, tout s'éteint, tout meurt. Le désordre accourt et le lien social se dissout. C'est l'autorité qui crée les peuples, *lie* les sociétés, et dirige les volontés particulières vers le but social et commun.

L'autorité est partout où vous trouverez deux intelligences unies. C'est le *punctum saliens* de toute conception sociale.

La famille, ce premier élément de la société, ne se forme que par l'autorité du père, qui est l'âme et le principe de son organisation.

C'est l'autorité aussi qui est le principe de cohésion de la tribu, du clan, de l'État politique.

Cette loi préside à toutes les évolutions de l'humanité; elle la prend à sa naissance, à l'état rudimentaire, et veille encore à ses destinées au sein de la civilisation la plus avancée. Le sauvage qui se rallie autour d'un chef pour aller à la chasse, l'Européen qui s'est élevé jusqu'à la notion la plus pure du pouvoir, obéissent tous deux à la même idée, au besoin de l'autorité.

Le principe d'autorité a paru sous les formes les plus diverses. L'esprit humain, en s'exerçant sur cette idée, en a fait sortir toutes les formes de gouvernement.

En fait, le mode d'existence de ce principe est déterminé par les lois politiques de chaque nation.

Mais au point de vue logique et du droit absolu, la société ayant ses lois naturelles, expression des rapports entre les êtres qui la composent, tend nécessairement à la réalisation de ces lois.

Cette réalisation des lois naturelles de la société dans les faits est le but idéal de la civilisation, et la science politique n'a pas d'autre objet que de reconnaître ces lois primitives, et de les faire passer dans les institutions.

A la vérité, l'homme est un être intelligent et libre. Il a toujours le pouvoir de s'écarter de ces lois et de se donner les formes gouvernementales qu'il lui plaira de choisir; mais en se plaçant hors des lois naturelles de l'ordre il ne trouvera de repos nulle part, et l'État ne cessera d'être agité jusqu'à ce que cet élément étranger soit expulsé de la législation, et que l'*invincible nature*, comme parle Rousseau, ait repris ses droits (1).

A proprement parler, il n'y a donc qu'une forme naturelle de constitution du pouvoir, et cette forme la raison la trouve dans la nature même de la société.

En effet, la société étant un ensemble de rapports ordonnés pour la conservation des êtres, doit reconnaître un pouvoir unique.

S'il n'y a pas dans la société un pouvoir unique et souverain, on ne verra partout que lutte des volontés et des forces particulières. Le monde alors s'en va irrémédiablement à l'anarchie.

L'unité de pouvoir est donc la première condition de l'existence du principe d'autorité.

Mais la société est perpétuelle comme le genre humain, et ce besoin de l'unité de pouvoir la suit à chaque instant de son existence.

Le pouvoir devra donc être perpétuellement un, et cette belle loi se réalise par la transmission héréditaire du pouvoir par ordre de primogéniture,

L'hérédité du pouvoir est donc le dernier terme de l'autorité ; c'est la forme idéale et naturelle de cette loi-principe.

(1) *Contrat Social*, liv. II, chap. 11.

III.

Que l'esprit révolutionnaire est destructif de l'autorité, et qu'il a pour dernier terme l'anarchie.

L'homme est libre, il a *l'épouvantable pouvoir* de violer les lois générales de la société, de se placer hors des conditions de sa propre nature. En face du principe de l'autorité, véritable fondement de l'ordre social, se pose la souveraineté de la raison personnelle et de l'individu.

L'orgueil de la créature résiste à la raison primitive, l'égoïsme s'oppose à l'intérêt général, l'homme se met à la place de Dieu.

Mais l'orgueil, l'égoïsme dans l'ordre politique, c'est l'esprit révolutionnaire.

Impatient du joug des lois, dévoré de la soif du pouvoir et de l'or, l'esprit révolutionnaire veut briser les formes naturelles de la société, et de ces débris construire un monde nouveau dont il sera le roi.

Défaire la société et la refaire à l'aide du pouvoir constituant de la raison humaine, arriver au partage du pouvoir par la démocratie qui est le communisme dans l'État, et au partage de la richesse par le socialisme qui est le communisme dans la famille, voilà ce qui est au fond de l'esprit révolutionnaire.

Oui, toute révolution porte dans ses flancs le communisme, la destruction de tout gouvernement, l'anarchie.

Sans doute, chaque révolutionnaire de la veille, une fois satisfait et repu, devient un conservateur du lendemain. Il cherche à prendre pied sur le terrain des faits accomplis, mais la logique de son principe l'entraîne et le pousse aux abîmes.

L'autorité s'affaiblit peu à peu dans les luttes civiles. Chaque usurpation, par une fécondité funeste, enfante son prétendant. Chaque tronçon du principe révolutionnaire se ranime et produit un parti nouveau au milieu des partis qui déchirent l'État. L'usurpation de juillet et l'usurpation impériale ont créé deux dynasties rivales du droit héréditaire des Capétiens.

Et c'est ainsi que le pouvoir se disperse et s'en va en poussière dans ce choc des ambitions ; c'est ainsi que, de chute en chute, la société, lancée sur la pente révolutionnaire, court irrésistiblement à l'anarchie, au socialisme.

Suivez la logique révolutionnaire. Mirabeau prépare la voie aux Girondins, et les Girondins la fraient aux Montagnards qui se perdent dans le crime et le sang.

Et de nos jours, le libéralisme égoïste et bâtard de Thiers donne la main à celui de Ledru-Rollin, lequel, à son tour, la tend aux socialistes, et entraîne après lui Raspail et Proudhon.

La France deux fois s'est placée dans la ligne de cette logique de mort, et deux fois elle a vu s'ouvrir sous ses yeux l'abîme de l'anarchie.

Voilà l'enseignement de plus d'un demi-siècle de révolutions. Il n'y a que les myopes qui ne sachent pas lire ces pages étincelantes de notre histoire.

Toute lésion faite au principe d'autorité est donc le premier pas dans la route qui conduit au désordre.

La digue des principes fléchit-elle sur un point, il faut que le torrent passe tout entier.

Les hommes inconséquents, les esprits faux, s'étonnent de ce résultat. Dans ce déluge qu'ils ont déchaîné sur la société, et qui emporte les institutions, les temples, les lois, ils se prennent aux branches qui bordent la rive. Inutiles efforts ! l'inflexible courant les pousse et les entraîne.

Les volontés humaines sont impuissantes à empêcher le développement d'un faux principe maintenu dans les idées.

Le principe révolutionnaire une fois posé, le temps seul en fera sortir les conséquences funestes et les calamités qu'il renferme. Ainsi les barbares qui désolèrent l'Afrique ne s'arrêtaient pas devant les villes qui fermaient leurs portes. Savants destructeurs, ils entassaient des cadavres au pied des remparts, et ils s'éloignaient comptant sur les ravages de la corruption, et laissant aux vents le soin de porter la mort par dessus les murs de la cité.

Les politiques matérialistes ne comprennent pas cette force mystérieuse des idées. Entraînés par une force qu'ils ignorent, ils donnent à cette puissance invisible le nom de *nécessité*. Mais la nécessité, quand l'homme s'est placé dans la logique du mal, la nécessité alors c'est la justice de Dieu.

IV.

Qu'il n'y a pas de milieu logique entre l'hérédité et l'anarchie.

Autorité ou anarchie, pouvoir héréditaire ou république démocratique et sociale, il n'y

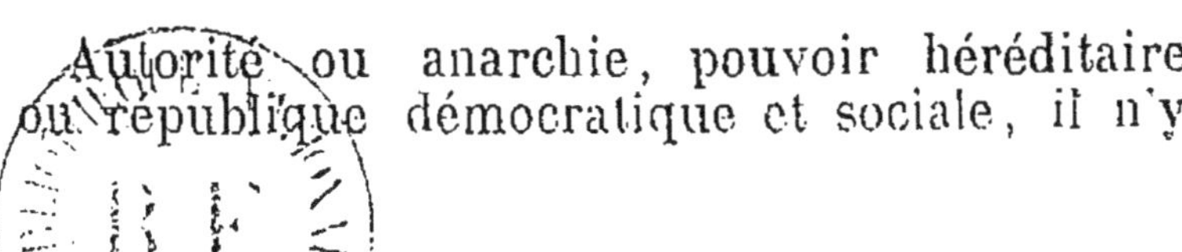

a pas d'autre alternative, il faut choisir.

Les esprits faux et incomplets, les convictions défaillantes, les ambitions louches cherchent, parmi nous, un terrain intermédiaire. Il faut à ces hommes des situations équivoques, le crépuscule des demi-principes.

Précipités et chassés de toutes leurs positions. de défaites en défaites, d'usurpation en usurpation, ils ont crié, dans leur déroute immense : religion, propriété, famille ! Et ce cri a été répété par la société, qui se sentait glisser sur la pente des précipices.

Voilà la situation dans laquelle on veut s'établir aujourd'hui ; voilà la formule qu'on accepte comme la dernière forteresse de la civilisation.

Mais je le dis avec douleur, à mes yeux il n'y a pas de symptôme plus alarmant, de fait qui témoigne plus hautement de la gravité de nos maux. Rien ne prouve d'une manière plus effrayante à quel point le sens moral s'est obscurci parmi nous.

Je m'explique :

Une société est d'autant plus forte, plus intelligente, qu'elle possède plus de vérités, que l'union des esprits est faite sur un plus grand nombre de principes communs.

D'un autre côté, la perte d'une vérité qui disparaît des intelligences se traduit sur le champ par une rature correspondante dans le symbole écrit. Ainsi, entre le catholique qui porte la vérité *universelle* et l'athée qui ne conserve pas même le premier article de la foi commune des intelligences, chaque secte vient se placer à son rang à plus ou moins de distance de la vérité, selon le nombre des vérités qu'elle a conservées.

De là cette règle générale : qu'à mesure que le

symbole politique et religieux d'une nation
s'amoindrit et s'écourte, cette nation descend
toujours d'un degré plus bas en intelligence, en
force et en civilisation.

Et maintenant, que toute la France se fût ac-
cordée pour réduire son symbole à ces trois
mots : religion, famille et propriété, ne serait-ce
pas, je le répète, la révélation la plus terrible de
la confusion des idées, de l'éparpillement des
croyances, de la profondeur de nos plaies morales, et du scepticisme politique et religieux qui
nous envahit ?

Eh quoi ! dans cette France très-chrétienne,
où le catholicisme s'est mêlé si profondément à
toutes choses, chez ce peuple dont il a pour
ainsi dire pénétré et saturé l'esprit ; dans ce
pays où la loi d'hérédité politique était écrite,
non sur le marbre et le bronze, mais *ès-cœurs*
de tous les citoyens (1) ; c'est là que la pensée
publique n'aurait pas su trouver une formule
plus précise et plus nette? Et il a fallu qu'elle
reculât jusqu'à cette profession de foi vague,
élastique, indéterminée !

Naguère encore, c'étaient les rapports de
l'Église et de l'État qu'il s'agissait de déterminer;
on se passionnait pour les grandes luttes de la
vérité, on suivait avec intérêt et vivacité les
péripéties de ce duel engagé par le catholicisme
contre la réforme protestante ou l'ecclectisme moderne.

En politique la discussion portait sur les
formes de gouvernement; c'était sur les questions de dynasties, de république ou de monarchie que les partis s'étaient établis et vi-
vaient.

(1) Expression de l'historien Jérome Bignon. 1610.

Et aujourd'hui c'est de l'existence de la religion en général, et de la famille qu'on veut s'occuper exclusivement !

On se réduit par système à défendre seulement la forme élémentaire de toute sociabilité. On borne ses prétentions à conserver le symbole du sauvage qui n'élève pas sa religion au-delà de l'adoration du grand Esprit, ni sa politique par delà l'horizon de la hutte qui sert d'abri à sa famille !

C'est là une situation fausse, illogique, où peut faire halte une société trop malade pour remonter d'un seul élan à la région des principes et de la vérité, mais une situation pleine de périls et indigne d'une société chrétienne et raisonnable.

Je le proclame hardiment, une société qui serait capable de penser à s'établir sur ce terrain ruineux prouverait qu'elle a perdu le sentiment du vrai. Elle ressemblerait à ces peuples insouciants qui bâtissent sur les laves à peine refroidies du volcan, et rêvent un repos éternel sur ce sol mouvant et couvert de débris.

La religion en effet se perd bien vite dans un vague mysticisme ou dans la négation absolue, si, pour s'imposer à l'esprit, elle ne prend un corps dans les formules d'un symbole.

La famille, sans organisation politique pour la protéger, disparaît bientôt dans la promiscuité et le communisme.

Non, la France n'accepte point cette transaction conseillée par le scepticisme, et stipulée entre l'indifférence et la peur.

Ce lâche abandon de la vérité catholique et des traditions nationales ne serait qu'un indigne suicide. Il me semblerait voir un poltron qui, pour se donner quelques instants de vie, se laisserait d'abord couper bras et jambes. Mieux vaudrait encore savoir mourir avec honneur.

C'est par le courage, et en confessant la vérité tout entière, qu'une société s'honore et peut se sauver.

Catholicisme et pouvoir héréditaire, voilà les mots que la France doit prononcer. Sinon qu'elle s'apprête à périr, à devenir tôt ou tard la proie du socialisme et de l'anarchie.

V.

De l'esprit national comme moyen de réaliser les lois naturelles des sociétés.

Deux forces se disputent le gouvernement des sociétés : la force qui vient des lois naturelles de la société, c'est l'esprit national; et la force qui vient de la volonté humaine lorsque celle-ci se place hors de la logique sociale, c'est l'esprit ré-volutionnaire.

C'est la lutte de ces deux esprits, c'est l'action et la réaction de ces deux forces l'une sur l'autre qui est toute l'explication de l'histoire de l'hu-manité.

Les sociétés tendent invinciblement à se con-stituer selon les lois de leur nature.

Si donc l'intervention des volontés et des pas-sions humaines ne contrariait jamais le mouve-ment des lois naturelles de la société, on peut dire que la société s'organiserait d'elle-même et tendrait constamment, par des progrès succes-sifs, à réaliser ces lois primitives dans les institu-tions politiques. Les formes de gouvernement alors ne seraient que l'expression des rapports nécessaires qui existent entre les êtres qui composent la société.

Pour connaître les lois constitutives d'une société il faut donc la suivre dans ses transformations diverses, consulter ses traditions, interroger le cœur de ses grands hommes, la pensée de ses écrivains, étudier ses tendances, son génie, ses défauts même et ses besoins.

La constitution d'un peuple est écrite dans l'histoire de ce peuple; elle n'est que le développement de ses idées et des principes par les évènements, que l'épanouissement de la raison publique dans les faits.

Une nation n'est pas tout entière dans une génération isolée et fugitive; elle est dans la série des générations qui se succèdent et s'enchaînent pour former cet être moral qui ne meurt jamais ; elle est dans l'accord permanent des volontés et des forces sociales, dans la tradition non interrompue des mêmes pensées qui sé transmettent des pères aux enfants comme un héritage sacré.

Ce serait trop peu d'interroger le présent ; sa réponse peut être viciée par les entraînements de la passion.

La volonté d'une génération isolée mérite sans doute le respect des contemporains, mais cela suffit-il pour que nous reconnaissions dans cette volonté particulière et fugitive le droit absolu et la constitution naturelle d'une société?

La nation de demain aura-t-elle la même volonté que la nation d'aujourd'hui? Ses intérêts ou ses pensées lui inspireront-ils le même langage?

Il faut donc trouver quelque chose d'invariable, d'universel; il faut chercher la volonté générale de la société dans la suite des traditions nationales.

Harrington a dit : « La meilleure forme de gouvernement est celle qui naît de la perfection même de l'esprit d'une nation (1) ».

Veut-on connaître le véritable esprit d'une société? Il ne faut donc pas s'en tenir aux faits, aux évènements qu'une volonté capricieuse a pu produire et qu'un caprice aussi peut changer, mais examiner si ces faits, si ces institutions ont leur racine dans la raison nationale, s'ils sont dans la tradition logique de cette société.

Lorsque vous aurez suivi du regard les grandes lignes d'une nationalité, quand vous aurez distingué dans les faits ce qu'il y a de passager de ce qui est durable, ce qu'il y a de transitoire de ce qui est permanent, alors vous aurez découvert les principes de sa constitution naturelle, les lois mêmes de son développement, vous aurez reconnu son esprit national.

L'esprit national, expression des volontés générales de la société, est de sa nature la négation de l'esprit révolutionnaire, expression des tendances et des volontés particulières.

Au lieu de suivre les mouvements de la raison individuelle, l'esprit national marche avec la nature de chaque société, s'y accommode et prend pour guide l'expérience.

Loin de prétendre constituer la société selon le bon plaisir de ses théories, il reconnaît que la volonté des peuples est dominée par les lois immuables de la logique.

Il n'applique pas ses idées brusquement, mais

(1) *Aphorismes politiques*, chap. iv. Aphor. 12.

avec sagesse et lenteur; il ne s'élance pas d'un bond jusqu'à l'absolu, il veut d'abord réaliser le possible; il ne place pas le progrès dans la violence, il attend tout de l'évolution pacifique de la pensée générale.

L'esprit national existe dans chaque société régulière, partout il lutte avec l'esprit révolutionnaire pour prévenir les déviations du mouvement politique ou les réparer. Mais nulle part il ne se manifeste plus visiblement que dans la société française.

C'est lui qui, chez nous, s'efforce constamment de mettre les institutions en rapport avec les principes, avec la raison des choses.

Ainsi les partis viennent-ils à fausser les institutions naturelles, l'esprit national aussitôt se met à l'œuvre pour réparer ces lésions.

C'est un fait qui a frappé tous les observateurs: il y a dans la suite des évènements de notre histoire et de la révolution surtout, une force mystérieuse, une puissance secrète qui n'est point au service des partis, qui échappe à leurs étroites combinaisons, qui se sert même de leurs passions pour abattre ce qu'ils ont élevé en dehors de la logique, et qui marche incessamment à la réalisation de l'idéal qui est dans la pensée de la nation.

Cette force, c'est l'esprit national, c'est la sagesse de la France réalisant les formes politiques en rapport avec les lois de sa nature, et tirant des ruines mêmes accumulées par les révolutions des matériaux pour l'édifice de l'avenir.

La France se sert des partis et des hommes qui se mettent au service de ses idées, elle les soutient tant qu'ils marchent dans la ligne des idées nationales. Viennent-ils à s'écarter de cette voie, elle les abandonne et les laisse tomber d'une chute irremédiable.

Lisez notre histoire depuis 1789. Tous les pouvoirs qui se sont succédé ne sont tombés que pour avoir fait violence à l'esprit national.

Tous ces gouvernements se sont brisés contre le même écueil ; ils ont péri pour avoir blessé en quelque point les principes du gouvernement naturel de la France.

Mais la France ne se laisse pas détourner de son but. Les obstacles même ne font que redoubler son ardeur, et en bravant les tempêtes des révolutions, en subissant tour à tour les excès de l'anarchie ou du despotisme, elle ne fait qu'obéir à cette loi suprême, irrésistible, qui fait que les sociétés comme les individus ne peuvent se reposer que dans la vérité et dans les principes conformes à leur nature.

<h1 style="text-align:center">VI.</h1>

Que l'esprit national en France a réalisé les deux lois fondamentales de la société par le pouvoir héréditaire et le vote universel.

L'autorité et la liberté sont les deux pôles de toute organisation politique.

L'autorité, c'est la permanence, c'est la raison de l'ordre, la source de l'unité. — La liberté, c'est le mouvement, le progrès, la vie à tous les points de la circonférence.

L'union de ces deux principes et leur conciliation par un juste équilibre de garanties mutuelles est donc la première condition de la dignité des citoyens et de la force de l'Etat.

Supprimez l'un de ces principes, que devient le monde?

Sans l'autorité en religion et en politique, tout s'en va à l'anarchie. La liberté absente, tout est en proie à l'arbitraire et au despotisme.

Ainsi, dans l'ordre moral comme dans le système planétaire, les forces opposées se balancent, et de leur pression réciproque naît le mouvement dans l'harmonie.

Il fut donné au génie méditatif et pratique de l'antiquité d'entrevoir les conditions de ce problème. Platon et Pythagore, Polybe et Cicéron devinèrent cette grande loi politique. Ils enseignèrent que « les lois devaient produire la stabi- » lité, lorsque l'Etat serait d'une nature mixte et » composée de toutes les constitutions politiques, » *conformes à l'ordre naturel des choses*, c'est-à- » dire des principes monarchique, aristocratique » et populaire (1). »

Cette vérité, dont l'humanité avait la conscience, ne fut constituée socialement que par l'Europe chrétienne, et ne pouvait l'être que par elle. Pour que la monarchie représentative devînt possible, il fallait d'abord que le christianisme pénétrât l'esprit humain et le préparât par une lente incubation.

Montesquieu a écrit que le gouvernement représentatif a été trouvé dans les bois, et il s'étonne que la corruption du gouvernement d'un peuple barbare ait formé la meilleure espèce de gouver-

(1) Voyez M. Villemain, traduct. de la *République* de Cicéron, disc. prélimin. —Burnouf, trad. de Tacite, *Annales*, liv. iv, chap. 23. *Notes*, t. 2, p. 418.

nement que les hommes aient pu imaginer (1).

Ce qui nous étonne c'est l'étonnement du grand publiciste. Le système représentatif se trouve, au moins en germe, partout où l'esprit particulier de l'homme ne s'oppose pas à l'action des lois générales de la nature, mais il n'arrive à sa perfection que dans le sol fécond du christianisme et du pouvoir héréditaire.

Et c'est en France qu'il faut suivre cette germination providentielle du gouvernement représentatif. L'idéal que l'antiquité portait dans son esprit a été réalisé par cette Société.

L'hérédité du pouvoir et le principe de représentation générale se trouvent unis au berceau même de notre nation.

On découvre ces principes dans les institutions des Germains; puis ils se développent parallèlement dans les Champs-de-Mars de Clovis et de Charlemagne, où tous les hommes libres siégent armés autour du prince, plus tard dans les assemblées générales formées par le vote de tous les Français et présidées par le roi, jusqu'à ce grand jour de 89, où la France, debout à la voix de Louis XVI, les écrivit, comme le double résumé de ses traditions, au frontispice de ses lois politiques.

La première conquête de l'Esprit national a été l'hérédité du pouvoir, mais cette conquête nous a coûté cinq cents ans de révolutions, de guerres, de crimes et de malheurs.

C'est pour n'avoir pas accepté le principe d'hérité dans toute sa pureté, que les deux premières races ont péri.

Sous les Mérovingiens, la royauté était héréditaire, mais elle fut régie par la loi ordinaire des successions civiles, et cette erreur amenait à la

(1) *Esprit des Lois,* liv. xi, chap. 6 et 8.

fin de chaque règne le partage et le morcelle-
ment de l'État.

Cette situation, sous la race Carlovingienne, se
compliqua encore par l'établissement des fiefs
héréditaires et par l'introduction du principe
électif dans la succession royale.

Enfin, pour échapper à l'anarchie, l'esprit national, éclairé par l'expérience, se fixa dans la loi
d'hérédité par ordre de primogéniture.

Ce principe simple et fecond n'a donc pas été
le résultat du caprice, de l'usurpation royale, mais
il a sa source dans une expérience de cinq siècles,
dans les besoins de la société, dans le vœu de la
nation française.

Mais à côté du pouvoir héréditaire, l'esprit national aussi a maintenu et développé le principe
de la représentation générale.

L'école révolutionnaire n'a vu dans notre passé
que les abus de l'ancien régime, et prenant la
royauté de Louis XV poūr le type de la monarchie française, elle en a conclu que l'existence de
notre vieille constitution est un mensonge historique ; elle a prétendu que l'histoire de nos Etats-
Généraux ne se compose que de deux faits, l'op-
pression toujours victorieuse, et la liberté toujours vaincue ; en un mot elle fait dater de 1789
l'an Ier de notre liberté nationale.

N'y aurait-il pas plus de dignité, plus de patriotisme, plus de science à reconnaître que l'esprit de notre constitution est un esprit de fran-
chise et de liberté, à dire avec Mme de Staël, qu'*en
France c'est la liberté qui est ancienne, et le despotisme nouveau?*

Nous ne voulons nier aucun des abus du passé,
ni les interruptions des principes constitutifs, ni
les déviations amenées par le temps et les pas-

sions humaines ; mais, à travers les transformations de la société, nous savons suivre et reconnaître la marche incessante des idées de liberté.

Posons d'abord un principe qui domine toute
cette question, c'est que tous les hommes libres
à toutes les époques de notre histoire, avaient le
droit de paraître ou de se faire représenter à
l'assemblée générale de la nation. En France, la
liberté civile donnait droit à tous les priviléges de
la liberté politique. Aux Champs-de-Mars et de
Mai des deux premières races, comme aux États-
Généraux de la troisième, les hommes libres
sans exception concouraient au vote de l'impôt
et à la discussion des lois. Cinq cent mille soldats
sous Clovis, un million de chefs de famille sous
Charlemagne, et six millions de Français sous
Louis XVI, prirent part à la formation des assemblées générales.

Ainsi le nombre des hommes libres est plus
ou moins restreint, mais le principe du droit de
représentation est incontesté, il est aussi ancien
que la monarchie, et avec elle il grandit à travers les siècles.

Tout se réduit dès-lors à établir la permanence du fait de la représentation générale dans
ce pays. Nous laisserons parler les faits, et tout
notre embarras sera d'être bref, car il faudrait
citer les ordonnances des Rois, les déclarations
des États-Généraux et des Assemblées provinciales, les témoignages des écrivains, et les in-
nombrables monuments de notre histoire (1).

(1) L'histoire de la liberté en France est écrite, consultez : *Histoire de France* par M. de Genoude. — *L'Histoire constitution-
nelle de la France*, par M. de Montaigu, et surtout l'admirable
travail de M. de Lourdoueix, dans la *Restauration de la Société
française*, in-8ʲ, 1834.

Le peuple Franc avait sa place dans les assemblées même avant d'être entré dans les Gaules. « Les affaires peu importantes chez les Germains, dit Tacite, sont réglées par les chefs, les grandes affaires par la nation. »

Ce principe de représentation universelle passe le Rhin avec les soldats de Clovis. « Les assemblées nationales, dit M. Henrion de Pansey, furent après la conquête ce qu'elles étaient avant. Il n'y eut rien de changé ni quant à leur composition, ni quant à leur manière de délibérer. Aux premiers jours du printemps, tous les hommes posant les armes, se réunissaient et formaient ces assemblées connues sous le nom de Champ-de-Mars. »

Le principe de liberté politique parut avec plus d'éclat encore sous la dynastie Carlovingienne. Plus de soixante assemblées sont convoquées pendant moins d'un demi siècle. Alors les députés du peuple et du clergé, échevins, rachimbourgs nommés par le peuple, les avoués des églises, qui n'étaient encore que des hommes du peuple, paraissent dans ces assemblées (1).

Et cependant ces assemblées ne traitaient que les affaires peu importantes. Pour les lois générales et de haute législation, on exigeait l'intervention de la nation entière. La loi était rédigée en simple projet, le projet adressé aux gouverneurs de provinces qui convoquaient les assemblées de comtés, leur exposaient le projet, recueillaient leur vote et le communiquaient à l'assemblée générale. Celle-ci comptait les voix des provinces ; elle ne faisait pas la majorité, elle la déclarait (2).

(1) Mably, *Observ. sur l'hist.*, t. 1, p. 376 ; in-12.
(2) Genoude, *Hist. de France*, t. 1, préface.

Le droit héréditaire fait son avènement avec Hugues-Capet, et la liberté du peuple grandit en même temps.

Louis VII et Philippe-Auguste imposent des taxes à l'occasion des Croisades, mais avec l'assentiment du peuple, des notables et du clergé. Saint Louis assembla pour le même objet, en 1240, les pairs, prélats, barons et députés des bonnes villes. Il était bien digne de ce saint roi de rendre au peuple l'exercice de ses anciens droits et de l'appeler dans ses conseils, lui qui disait ces belles paroles : « Les serfs appartiennent à Jésus-Christ comme nous, et nous ne devons pas oublier, dans un royaume chrétien qu'ils sont nos frères. »

Enfin, par des affranchissements successifs et la fondation des communes, le peuple, dans toute la force de ce mot, est créé, et Philippe-le-Bel, en 1302, l'appelle solennellement aux États-Généraux avec le droit de délibérer. La liberté alors est universelle et le droit commun. L'élection s'étend à tous les membres de la commune. « Les lettres de convocation seront lues et publiées au prône, puis à son de trompe sur les places et carrefours, et tous marchands, maîtres et toute autre personne de quelque état et condition qu'ils soient, seront invités à se trouver à l'Assemblée générale pour y apporter leur doléances, ou bien proposer ce qu'ils auraient à déduire en toute liberté (1). »

Tous les Français alors étaient électeurs et éligibles. Aux Etats de 1356, parmi les députés du Tiers, on trouve des gens de *petite condition*, et entre autres Régnald, cabaretier, député de la ville de Soissons. Plus tard, sous Louis XII,

(1) *Lettres de convocation des Etats de* 1560.

les hommes de bras furent aussi convoqués. Les députés du Tiers étaient appointés. Aux Etats de 1789, la Bretagne envoya quelques-uns de ses paysans ; ils s'y firent remarquer autant par la sagesse de leurs votes que par la simplicité de leur costume (1).

Le chancelier de l'Hospital avait donc raison de définir les Etats-Généraux l'*Assemblée de la nation entière*, et l'orateur de la noblesse aux Etats de 1484, « la collection de la totalité des citoyens, non pas seulement le bas peuple, mais tous les habitants de quelque état, de quelque rang qu'ils soient, sans en excepter les princes. »

Que manquait-il donc au développement du principe de représentation pour être complet ? Une seule chose, la périodicité.

Encore la sagesse de nos pères y avait-elle apporté un remède par l'établissement des assemblées provinciales. Ces Etats particuliers s'assemblaient périodiquement, rédigeaient les coutumes locales, et donnaient ainsi toute sa réalité au principe de l'administration du pays par le pays.

Au reste, les convocations générales dans le fait approchèrent beaucoup de la périodicité, puisque, terme moyen, elles eurent lieu tous les quatre ans. En effet, nous avons eu environ quatre-vingts Assemblées nationales. Or de 1302 à 1614, c'est trois cent douze ans ; par conséquent, une assemblée en un peu moins de quatre ans ; ce qui s'accorde assez avec cette observation d'un ancien auteur, qu'autrefois les États-Généraux étaient convoqués périodiquement tous les trois ans (2).

(1) M de Conny, *Hist. de la Révolut.*, t. 1.
(2) De Montaigu, *Coup d'œil sur la Monarchie*, p. 360.

Voilà où en était arrivé la nation à la fin du
XVe siècle. Le protestantisme suspendit la marche de la liberté, et amena la dictature de Riche-
lieu et de Louis XIV. Mais le droit ne meurt pas
en France, et chassé des faits, il resta dans les
esprits.

Fenélon et le duc de Bourgogne l'acceptèrent,
Louis XIV le retrouva dans les conférences
d'Utrecht, le régent après les désastres de Law
et au traité de la quadruple alliance.

Le peuple sommeillait. « Il eut de beaux songes
pendant son sommeil » dit Châteaubriand ; mais
il se réveilla à son heure, et ce fut à la voix de
Louis XVI, convoquant la nation à Versailles et
l'appelant à la liberté.

Ce fut une glorieuse époque que celle de 89 !
Alors, après une interruption de cent soixante-
quinze ans, les principes constitutifs de la France
reparaissent avec un nouvel éclat. Le peuple
rentre dans ses droits, six millions de citoyens
français, convoqués dans les assemblées de commune, expriment librement leurs vœux, et les
lois fondamentales de la monarchie reçoivent de
nouveau la double sanction de la nation et du roi.

Les idées de pouvoir absolu et de droit divin,
les prétentions de l'ancien régime reléguées
parmi les contes du passé, les vices de l'organisation politique et les abus d'une administration
sans contrôle signalés et minés par deux siècles
de lumières et de discussion, l'égalité des droits
mieux comprise, l'unité des diverses classes de
la Société dès longtemps préparée et devenue un
besoin de l'opinion, tout se réunissait pour amener en France une ère de rénovation, une de
ces époques décisives dans la vie des peuples.

Plein de confiance dans son peuple, Louis XVI

veut s'environner de ses conseils. Il déclare qu'il veut que la nation exerce la totalité des droits qui lui appartiennent (Arrêt du 20 juin et du 8 août 1788); qu'il renonce à demander aucun impôt sans le consentement des États-Généraux. (Réponse au clergé le 20 juin 1788). Il désire que des extrémités de son royaume et des habitations les moins connues, chacun soit assuré de faire parvenir jusqu'à lui ses vœux et ses réclamations, et que tous les Français soient appelés à concourir à l'élection des députés de l'Assemblée générale. (Lettre de convocation du 24 janv. 1789).

Ce langage est clair, précis, digne de la royauté française. C'est le langage de saint Louis léguant à son fils le maintien *des libertés et franchises anciennes*, de Louis X voulant que *tout soit libre sur la terre des Francs*, de Louis XII qui *tant aima le pauvre peuple*. Louis XVI rend la liberté, il la rétablit, il ne l'octroie pas. Les droits de la nation sont reconnus sans détour et déclarés imprescriptibles.

La nation aussi fut digne de son roi, elle proclama les lois fondamentales de sa vie politique.

Le dépouillement des cahiers de toutes les communes se résuma dans la reconnaissance unanime des principes suivants :

La monarchie héréditaire par ordre de primogéniture ;

La nation fait la loi avec la sanction du roi ;

Le consentement national est nécessaire à l'emprunt et au vote de l'impôt.

Ainsi la France et son roi n'avaient qu'un vœu, qu'une même pensée. Ainsi l'esprit national, après quatorze siècles, proclamait l'alliance du pouvoir héréditaire et de la représentation générale.

Ils sont donc immortels ces deux principes de la société française. Ils semblent quelquefois disparaître, mais bientôt on les voit sortir plus brillants après cette eclipse momentanée. Ils se sont pliés à toutes les transformations sociales, et leur indestructible vigueur a résisté a toutes les attaques, triomphé de toutes les erreurs, survécu à tout l'effort des révolutions.

VII.

Rapports logiques de l'hérédité et du vote universel dans la société française.

Il ne faut point laisser de nuages sur les principes, et je vais dire comment l'hérédité du pouvoir et la représentation générale se coordonnent dans les idées de la France ; comment leur existence parallèle et simultanée se concilie avec le principe de la souveraineté nationale.

La liberté représentative est le premier principe de la constitution naturelle de la France. Ce n'est autre chose, dans le fond, que le droit primitif que tout peuple a de reconnaître les formes de son gouvernement et de choisir les représentants du pouvoir. Elle se confond avec le droit imprescriptible de chaque citoyen à participer aux avantages comme aux charges de la société.

La liberté représentative est donc de droit naturel.

L'hérédité du pouvoir, au contraire, n'est que de droit national.

Cette institution, déterminée en droit par les

lois primordiales de l'ordre social a été constituée
en fait par la volonté de la France, qui a reconnu
cette forme de pouvoir politique comme la condition de l'ordre et la garantie nécessaire des
droits de tous (1).

Le principe d'hérédité du pouvoir, au point
de vue d'origine, est donc dominé par le principe
de liberté représentative qui, dans l'ordre des
faits, lui est antérieur; mais cette infériorité,
purement relative, ne détruit en rien ni son
égalité, ni son indépendance logique et con-
stitutionnelle.

C'est que le pouvoir héréditaire, bien que constitué en fait par la nation, dont la volonté lui
donne l'existence, puise sa raison d'être dans les
nécessités morales et politiques, dans le caractère
du peuple, dans la situation géographique, et
plus haut encore dans les lois mêmes de la nature,
qu'aucune volonté humaine ne saurait changer.

Ainsi la France est libre de proclamer son
gouvernement : elle a le pouvoir de se donner
telle constitution qu'il lui plaira de choisir ; mais
il ne dépend pas d'elle de créer l'ordre véritable

---

(1) Cette théorie, qui fait dériver le droit héréditaire du choix
primitif du peuple et du principe de délégation, est établi sur les
monuments les plus incontestables de notre histoire.

Il nous est impossible de traiter ici ce point de doctrine qui
exigerait de longs développements. Elle est reconnue par les plus
savants publicistes, et Voltaire l'a popularisée dans ces vers de la
Henriade :

> C'est un usage antique et sacré parmi nous,
> Quand la mort, sur le trône, étend ses rudes coups,
> Et que du sang des rois, si chers à la patrie,
> Dans ses derniers canaux la source s'est tarie,
> Le peuple, au même instant, rentre en *ses premiers droits,*
> Il peut choisir un maître, il peut changer ses lois.

(Chant VIe).

avec cette constitution improvisée ; elle n'est pas libre de se rendre heureuse avec ces lois nouvelles qui n'ont d'autre base que sa volonté passagère ; elle n'a pas le pouvoir de décréter sa prospérité et le progrès, en se plaçant hors des lois de sa nature sociale.

Ces deux principes concourent donc sur le pied d'égalité à l'entretien de la vie nationale. Historiquement, ils se constituent et se développent l'un par l'autre. Le peuple, élève le prince sur le pavois et proclame la loi d'hérédité, et le pouvoir héréditaire à son tour défend la liberté nationale, et transforme le serf en citoyen.

Avec ces deux principes la nation française est constituée intégralement, et la définition de cette société peut se résumer dans cette formule : *La République à la base et le Pouvoir héréditaire au sommet.*

Hérédité, — Vote universel, voilà la constitution naturelle de la France !

Tous nos malheurs viennent de ce qu'on a disjoint ces deux idées, ces deux faits concomitants et inséparables.

Il y a un parti pour l'ordre, un parti pour la liberté, tandis que la vie de la France est dans l'union de ces deux termes.

Les partis, en se divisant, ont jeté le sort sur la tunique de la France et s'en sont partagé les lambeaux. L'esprit national saura les réunir et en reformer un vêtement sans couture.

Tous les principes doivent être purifiés de la rouille des vieux âges comme des souillures révolutionnaires. Qu'ils reparaissent donc purs de tout alliage, brillants de cette jeunesse immortelle qui entoure la vérité.

Séparons l'ordre de l'arbitraire, le pouvoir

héréditaire du despotisme, la légitimité du droit divin, la liberté de la révolution. Epurons toutes les idées au crible de l'esprit national.

La France, depuis 89, poursuit cette grande idée de restauration sociale, et comme un infatigable ouvrier, elle n'aura pas de repos qu'elle n'ait accompli cette œuvre sublime.

Aujourd'hui la France est en possession du vote universel. Elle gardera cette conquête précieuse, préparée pendant dix-huit ans par la droite nationale.

Tranquille de ce côté, la France va se donner tout entière à la question d'autorité.

La constitution du pouvoir est la question fondamentale pour une société. « Le premier ouvrage de la liberté, a dit Mirabeau, est le rétablissement de la puissance tutélaire (1). »

C'est qu'un peuple avant tout a besoin d'être gouverné, et que la liberté même périt bientôt chez une nation où le pouvoir n'est pas constitué dans ses conditions naturelles.

VIII.

Que le pouvoir héréditaire est nécessaire à la France.

Il en est des principes comme des arbres, on les connaît à leurs fruits.

Le principe révolutionnaire a désorganisé la société, il nous a conduit, en moins de soixante ans, à la division, à la décadence, tandis que la

(1) *Essai sur le despotisme*, p. 173.

nation française, sous l'influence des principes
traditionnels de sa politique et de son existence,
n'avait pas cessé de poursuivre sa marche ascen-
dante et progressive.

C'est à nous de comprendre cet enseignement
et de juger.

Si la France a prospéré et grandi pendant quatorze siècles, cela tient évidemment à la bonté de
ses lois politiques.

Ce sont ces lois politiques qu'il faut mettre en
vigueur, ce sont ces principes de la constitution
nationale qu'il faut rétablir. Un peuple, disait
Napoléon, doit toujours se retremper dans son
principe.

Or le principe de notre constitution politique
c'est l'hérédité du pouvoir.

Le pouvoir héréditaire est la clef de voûte de
notre édifice social, le complément de nos traditions, l'âme de notre civilisation.

Le pouvoir héréditaire a fait la grandeur de
la France, c'est lui encore qui a fait sa liberté.

Il y a quelque banalité, ce semble, à développer cette proposition, élevée à la hauteur d'un
axiome politique par la science historique con-
temporaine, par Armand Carrel et Augustin
Thierry, aussi bien que par Genoude et Châteaubriand.

Nos rois ont tracé la carte de France du bout
de leur épée, et depuis Clovis qui mesura de
l'œil, pour y poser la monarchie des Francs, les
limites du Rhin, de l'Océan et des Alpes, jusqu'à
Charles X qui nous légua la côte d'Afrique,
comme le dernier bienfait de sa lignée royale,
tous ont apporté leur part d'efforts et de génie à
ce labeur patriotique.

Mais en même temps qu'ils fondaient l'unité

territoriale, ils créaient l'unité politique de la nation par l'extension de la liberté à tous les membres de la grande famille française.

Ç'a été la mission de cette glorieuse race Capétienne d'arriver, après un duel de huit cents ans contre la féodalité et le privilége, à rétablir l'égalité des droits, à réaliser, par des progrès successifs, la fusion de tous les intérêts, de tous les rangs, de toutes les races dans l'unité nationale.

Je le dis donc hardiment, ce seul fait d'une nation qui n'a cessé, pendant quatorze siècles, de puiser la vie et le progrès dans le pouvoir héréditaire, est à lui seul une démonstration invincible de la nécessité de ce principe.

Si le peuple français, après s'être donné le pouvoir héréditaire, a trouvé dans cette institution bonheur, gloire et liberté ; si cette forme de gouvernement a été conservée par le vœu de soixante générations, serait-ce mal raisonner que d'en conclure qu'il y a dans nos mœurs, dans notre caractère, dans nos besoins, d'invincibles et secrètes raisons qui font de cette forme de pouvoir la condition nécessaire de notre bonheur ?

Il faut dans chaque État un principe fixe, autour duquel le mouvement populaire accomplisse ses révolutions, et qui préserve la liberté de ses propres emportements.

Cette loi politique se trouve partout, même dans les républiques. A Sparte, elle est dans le pouvoir de deux rois, à Athènes, dans l'aréopage, à Rome, dans le sénat héréditaire, à Venise, à Gênes, en Angleterre, dans une aristocratie puissante.

En France, où l'égalité est partout et pénètre

incessamment tous les rangs de la société, ce sera le pouvoir inviolable et héréditaire.

Il n'y a que ce principe qui puisse donner un centre fixe à la civilisation française, et empêcher que le pouvoir ne disparaisse dans l'impuissance, la confusion et le chaos.

Mirabeau qui nous connaissait bien, puisqu'il savait nous émouvoir et nous passionner, Mirabeau aurait mieux aimé vivre à Constantinople, sous le régime absolu de l'Asie, qu'en France sous le gouvernement d'une assemblée omnipotente et affranchie de la tutelle et du contrôle d'un pouvoir héréditairement constitué.

« Il faut que les affaires aillent, dit Montesquieu, et qu'elles aillent d'un certain mouvement qui ne soit ni trop lent, ni trop vite. Mais le peuple a toujours trop d'action ou trop peu. Quelquefois avec cent mille bras il renverse tout ; quelquefois avec cent mille pieds il ne va que comme les insectes (1). »

Cette maxime vraie de tous les peuples, est vraie surtout du peuple français.

Il faut un pouvoir modérateur qui, la main sur les rênes, accélère ou retarde le mouvement de la société.

La sagesse de la France avait résolu le problème par l'union de l'hérédité et du vote universel dans la monarchie représentative.

(1) *Esprit des Lois*, liv. II, chap. II.

IX.

Que l'hérédité du pouvoir n'est pas contraire à la liberté des peuples.

On nous dit :

« L'hérédité du pouvoir n'est que le droit divin. Cette théorie viole le droit du peuple à se donner son gouvernement, et sous un autre nom, consacre la servitude. »

Allons au fond des choses.

Le droit divin fait venir la royauté d'une désignation directe de la divinité ; le droit héréditaire la fait naître de la délégation populaire et de la volonté de la nation.

Le premier s'appuie sur la théocratie ; le second sur le droit public de chaque peuple.

Le droit divin est une théorie judaïque renouvelée en Angleterre par la race protestante des Stuarts ; le droit héréditaire est une idée française, populaire et nationale.

Le droit divin, en un mot, c'est le soliveau tombé du ciel ; le droit héréditaire, c'est la sagesse d'un peuple libre se donnant à lui-même des bornes et des lois inviolables, et se fixant perpétuellement dans le principe générateur de l'ordre.

Quelle similitude, quelle identité, quels rapports à établir entre ces deux idées antipathiques, contradictoires et séparées par des abîmes ?

Le droit héréditaire est constitué par une délégation nationale. Or, cette théorie est si peu la violation des droits primitifs de la nation, qu'elle est au contraire la seule manière de concilier la liberté du peuple, dans les grands États, avec l'unité politique du pouvoir.

J'insiste sur ce point:

La liberté et la propriété des citoyens étant inviolables, les lois et les impôts doivent être consentis et discutés par tous.

A ne regarder que le droit primitif, chaque membre de la société a donc le droit de paraître dans l'assemblée générale de la nation et de prendre part aux délibérations publiques.

Quand la nation est peu nombreuse, quand l'État est borné par les murs de la cité, chaque citoyen alors exerce par lui-même son droit. Ainsi en était-il chez les tribus franques et germaines, où chaque guerrier se rendait en armes au conseil de la nation. Ainsi encore à Rome, à Sparte, à Athènes, où les citoyens libres peu nombreux pouvaient, en quelques heures, se trouver réunis au Forum ou sur l'Agora.

Mais si le peuple, tout entier à ses travaux industriels ou agricoles, est fixé dans des villes éloignées ou dans les campagnes ; si, surtout, il est disséminé sur un vaste territoire, son droit politique ne pourra s'exercer directement ; il sera forcé d'avoir recours à des représentants, et de là l'origine du droit de délégation.

Cette vérité n'a pas échappé au génie de Montesquieu. « Comme, dans un Etat libre, dit-il, tout homme qui est censé avoir une âme libre doit être gouverné par lui-même, il faudrait que le peuple en corps eût la puissance législative ; mais, comme cela est impossible dans les grands Etats, et sujet à beaucoup d'inconvénients dans les petits, il faut que le peuple fasse par ses représentants tout ce qu'il ne peut pas faire par lui-même (1). »

Le principe de délégation est donc le plus naturel et le seul moyen de conserver à un grand peuple son unité politique et l'exercice de ses libertés.

Rousseau, poussant à ses dernières conséquences la théorie démocratique, a soutenu qu'un peuple qui s'est donné des représentants n'est plus libre (2). Mais il a été conduit par là à nier le droit politique de l'Europe chrétienne et la liberté moderne. Le droit personnel et direct de gouvernement ou d'élection, de son aveu même, ne saurait convenir qu'à une petite société ou à une petite démociatie oligarchique appuyée sur l'esclavage.

Rejeter la légitimité du principe de délégation, dans un pays comme la France, ce serait donc détruire logiquement l'unité politique établie par nos pères, ce serait préparer un suicide national.

Dans la république comme dans la monarchie, il n'y a pas un pouvoir public qui ne soit fondé sur une délégation du peuple. Une assemblée élective ne possède pas son pouvoir temporaire à un autre titre que le roi son pouvoir héréditaire.

Voilà ce que les démocrates sont forcés de reconnaître, sous peine de conduire la France à un démembrement sur le plan des petits cantons suisses.

Mais le principe de délégation du pouvoir une fois admis, pourquoi cette délégation ne pourrait-elle pas être perpétuelle et héréditairement transmissible ?

(1) *Esprit des Lois*, liv. i, chap. 6.
(2) *Contrat Social*, liv. iii, chap. 15.

Que le pouvoir soit délégué pour cinq, dix ou vingt ans, à vie ou héréditairement, dans une même dynastie, en quoi cette délégation attaque-t-elle la souveraineté nationale et le droit primitif du peuple à se donner un gouvernement ?

Parce qu'un mécanicien aurait inventé une horloge à mouvement perpétuel et qui n'aurait pas besoin d'être remontée, faudrait-il rejeter cette invention comme attentatoire à la souveraineté de l'ouvrier sur son ouvrage ?

Ce problème insoluble en mécanique, la science politique et la nature l'ont résolu, en politique, par l'établissement du pouvoir héréditaire. Une idée exagérée d'indépendance nous fera-t-elle méconnaître cette précieuse conquête de la science et de la raison ?

Les hommes sont portés à confondre l'existence d'un droit avec son exercice plus ou moins fréquent.

C'est une erreur. Tout droit existe par soi-même, indépendamment de toute application. Il subsiste dans toute son intégrité, pourvu qu'il soit reconnu en principe et légalement constaté.

Osera-t-on nier que l'homme, dans certains cas, ne puisse avoir le droit de renoncer à l'exercice d'une faculté, d'un droit, en vue d'un plus grand bien social ?

Le soldat renonce bien pour un temps et le prêtre pour toujours aux douceurs de la famille, afin d'être tout entiers à la vocation qu'ils ont embrassée dans l'intérêt de la société et de la religion.

Pourquoi une nation ne pourrait-elle pas, dans l'intérêt de sa conservation et de sa tranquillité, renoncer à l'élection périodique du pouvoir qui doit la gouverner, alors surtout qu'elle en a compris les inconvénients et les périls?

Le principe qui domine toute cette discussion, c'est que le pouvoir chez un grand peuple est nécessairement délégué.

Maintenant, que cette délégation soit temporaire ou perpétuelle, qu'importe au peuple? qu'importe à la souveraineté nationale qui reste entière dans son principe, et pourra toujours s'exercer dans sa plénitude à l'extinction de la dynastie?

Le droit primitif du peuple une fois sauvegardé, tout se réduit donc à comparer les avantages et les inconvénients du régime électif et du régime héréditaire.

Le régime électif flatte la vanité de l'individu en lui fournissant l'occasion de faire souvent l'essai de sa part de souveraineté; mais au fond qu'est-ce là pour le bonheur, pour la liberté du citoyen, pour la grandeur de l'État?

Le peuple à Rome, à Venise, en Pologne, fut-il plus heureux et plus libre pour changer périodiquement ses consuls ou ses rois? Oserait-on même, sous ce rapport, comparer le citoyen de ces républiques au paysan français émancipé par le pouvoir héréditaire?

Le peuple, dans ces pays de droit électif, fut esclave : en France, sous le droit héréditaire, les simples ouvriers même entraient dans les États-Généraux.

N'est-il pas évident qu'une nation obligée tous les dix ans, par exemple, de constituer son pouvoir, ne pourra manquer d'être en proie à toutes les agitations d'un enfantement si pénible? Cette fièvre d'élection périodique ne sera-t-elle pas aussi nuisible à la liberté véritable qu'à la prospérité générale?

Le pouvoir électif ne crée rien. Sa puissance est toute négative. La société, sous l'action de ce principe, se désorganise et s'en va au chaos. La vie nationale est suspendue.

Le pouvoir électif encore est le dissolvant le plus actif des nationalités. Les peuples anciens qui ont essayé de vivre avec ce principe ont tous disparu dans la conquête ou le despotisme.

Chez les peuples modernes, même résultat. La Pologne qui a voulu élire ses rois est devenue la proie de l'étranger. L'Italie, partagée en républiques, est tombée en lambeaux. L'Allemagne, qui est sortie du droit héréditaire depuis Charlemagne, n'a pu arriver ni à la liberté, ni à l'unité politique que la France possède depuis des siècles.

Ainsi il semble que le peuple, en renonçant à déléguer le pouvoir à des époques rapprochées, se soit privé d'un grand avantage, tandis qu'en réalité il ne s'est dessaisi que d'un droit inutile et dangereux pour se donner l'ordre et la paix.

Un peuple que ses malheurs ont éclairé, et qui, dans sa liberté et sa raison, se prononce pour l'hérédité afin de s'affranchir des abus qu'entraîne le pouvoir électif, ce peuple mérite donc les respects de tous et n'abdique ni sa dignité ni son indépendance.

Puisqu'un peuple ne peut se passer d'un gouvernement, pourquoi refuserait-il de le recevoir des mains de la nature, lorsque l'art est si souvent en défaut pour produire l'accord des volontés nécessaire à une si grande création?

« Le peuple doit regarder comme un grand avantage de trouver son souverain tout fait, et de n'avoir pas pour ainsi dire à remonter un si grand ressort. De cette sorte, ce n'est pas toujours abandonnement ou faiblesse de se donner des maîtres puissants; c'est souvent, selon le génie des peuples et la constitution des États, plus de sagesse et de profondeur dans les vues. »

Voilà le langage de Bossuet, de la vraie politique et du bon sens !

Au reste, si l'on reproche à la délégation à titre héréditaire de priver l'individu de l'usage de son droit d'élection, pense-t-on que toute délégation à terme ne soit pas sujette à cet inconvénient ?

Dans le système de délégation à dix ans de terme, par exemple, ne se trouverait-il pas des citoyens qui, n'ayant pas l'âge d'être électeur à l'époque de la première délégation, viendraient à mourir avant la réélection décennale, et se trouveraient ainsi privés de l'exercice de leurs droits politiques ?

Et pour parer à cet inconvénient, nous faudra-t-il imiter ces petits peuples, dont parle Montesquieu (1), qui changent le chef de leur république tous les mois, les autres officiers toutes les semaines, et le gouverneur du château tous les jours ?

Les peuples se trompent qui placent leur liberté dans la mobilité du pouvoir exécutif.

Le pouvoir exécutif est cette force gouvernementale chargée de faire observer les décisions de la volonté générale.

Ce pouvoir, on le comprend, est de sa nature immuable et permanent. Agissant toujours dans les mêmes conditions, il a toujours besoin de la même énergie, d'un degré de puissance invariable.

---

(1) *Esprit des Lois*, liv. 11, chap. 13.

Désorganiser cette force protectrice ou l'affaiblir par la mobilité de l'élection à terme, c'est désarmer la société et briser le ressort du gouvernement.

Il n'en est pas de même du pouvoir législatif.

Les besoins d'une nation varient avec le temps, et c'est à la puissance législative qu'il appartient de varier l'application des principes et de les proportionner aux besoins du moment.

Il suit de là que l'immobilité doit être dans le pouvoir exécutif, et le mouvement dans les institutions législatives.

Telle est la constitution naturelle des sociétés, telle fut celle de la France.

Le droit héréditaire assurait la permanence du pouvoir, et le droit représentatif le progrès dans l'ordre. Un chef, représentant héréditaire de l'unité nationale, gouvernait par une délégation perpétuelle, tandis que l'assemblée, organe périodique des besoins nouveaux, élaborait ou présentait les vœux du peuple ; et de l'accord de ces deux pouvoirs résultait la souveraineté nationale dont la loi était la plus haute expression.

Et ainsi, par l'union du pouvoir héréditaire et de la représention générale dans les formes de la monarchie représentative, la France avait concilié l'ordre et la liberté, la tradition et la raison, le passé et le présent, et donné au principe abstrait de la souveraineté du peuple la seule organisation qui puisse en faire sans danger un principe de politique pratique.

X.

Que l'hérédité du pouvoir ne viole pas le droit des générations à venir.

Nos adversaires insistent :

« La délégation héréditaire dispose de l'avenir sans le consentement des générations futures. Elle enchaîne la liberté des peuples à des formes déterminées, elle emprisonne la spontanéité humaine dans le cercle étroit des formules. Et de quel droit un siècle prétendrait-il poser des bornes à l'esprit humain, l'enfermer dans une éternelle enfance, et le tenir au maillot de ses conceptions particulières ? »

Quand on veut parler des lois de l'humanité, il y a peu de philosophie, ce nous semble, à considérer isolément chaque génération, à faire abstraction des rapports qui la lient d'une manière indissoluble et la fixent à sa place dans le plan général de la Providence.

Une génération n'est qu'un anneau dans la chaîne immense des êtres, et l'anneau ne doit pas se faire centre : il ne faut juger de son importance que par rapport au but commun de toute la série.

Pascal a dit : Le genre humain est un homme immortel dont la vie se continue à travers le temps. Toute la race d'Adam est unie par les liens d'une solidarité commune.

Les conquêtes d'un siècle deviennent ainsi, pour le siècle suivant, le point de départ d'un progrès nouveau. Notre sagesse, nos arts, nos idées même, nous sont venues par héritage de ceux qui ont vécu avant nous. Les efforts successifs des âges forment la marche progressive de l'humanité.

S'il faut recommencer, à chaque génération, l'œuvre sociale tout entière ; si l'enfant n'accepte pas de confiance l'héritage d'expérience politique de son père, la société ne sera-t-elle pas réduite à se traîner, à user ses forces dans d'éternels essais ?

Laisser aux caprices de chaque génération le soin de se donner un gouvernement, sans tenir compte de la sagesse et de l'exemple des aïeux, c'est donc nier la première loi du progrès qui ne s'accomplit que par l'unité d'efforts, par la solidarité et la perpétuité des traditions du genre humain ; c'est détruire l'idée même de toute civilisation.

L'hérédité, qui est la condition de l'existence de la famille, est aussi le fondement le plus assuré de l'État. Il faut que cette loi passe dans la politique pour consacrer le repos du monde. C'est l'hérédité du trône, selon l'expression de Fénélon, qui garantit l'hérédité de la chaumière, et Montesquieu a très-bien remarqué que le partage des terres est de l'essence des démocraties.

Il faut le répéter : la société a ses lois naturelles, fondamentales , nécessaires comme les rapports dont elles ne sont que l'expression.

Ces lois, on les reconnaît surtout au bonheur qui suit leur application, au malaise qui se manifeste dès qu'on les abandonne. D'où il suit, que le gouvernement le plus naturel d'un peuple est d'ordinaire celui que le temps a établi, que l'expérience a consacré.

La sagesse d'un peuple, quoiqu'on dise , ne saurait donc consister à faire, à chaque instant, acte de souveraineté et d'émancipation, en changeant, selon ses caprices, la forme de son gouvernement, mais plutôt à reconnaître les lois de sa constitution naturelle et à s'y soumettre.

Laisserons-nous dire que ce peuple renonce ainsi au progrès et tourne le dos aux améliorations?

Non, il n'en est pas des principes qui sont les lois de Dieu, comme des créations de l'homme. Ils sont immuables, immortels, et appliqués dans les mêmes conditions, ils donneront invariablement les mêmes résultats.

Un principe dont la bonté aura été éprouvée peut donc être accepté de confiance. Il a été bon aujourd'hui, il le sera encore après-demain, toujours.

C'est sur le passé qu'il faut fonder le présent pour le rendre durable; c'est sur les assises des traditions qu'il faut appuyer l'édifice de l'avenir.

Ainsi, voila une nation qui a expérimenté les avantages du pouvoir héréditaire. Longtemps paisible et florissante sous l'action de ce principe, cette nation s'est vue tout-à-coup, ce principe violé, précipitée dans des convulsions sans fin. Elle connaît donc son mal, elle en sait les causes, elle en voit aussi le remède.

Cette nation, sous prétexte que la postérité ne ratifiera pas sa pensée, hésitera-t-elle sur la conduite à tenir?

Elle commencera donc par rétablir les conditions de sa vie politique en relevant le principe ébranlé. Puis, instruite qu'elle est des périls qui suivent la violation de ce principe, c'est son devoir de les signaler aux générations suivantes. Elle devra donner au principe héréditaire une sanction solennelle, l'inscrire en tête de sa constitution, en faire la base de son droit public.

C'est là, aux yeux de tous, une conduite sensée, irréprochable. Cette nation a assuré le présent, c'était son droit; elle a préparé l'avenir, c'était son devoir.

Et vous venez l'accuser de despotisme et d'usurpation ! Accusez donc aussi le père de famille qui, plein de prévoyance et inspiré par sa tendresse, a préparé la vocation de ses enfants, et leur a donné un état à un âge même où ils ne pouvaient encore se décider librement dans leur choix ! Dites, si vous l'osez, que ce père a violé le droit primitif de ses fils à se choisir une carrière, qu'il a enchaîné leur volonté et usurpé sur leur liberté en assurant leur bonheur !

Ce qu'un père a le droit de faire pour son fils, une nation ne le peut-elle pas vis-à-vis des générations futures ?

Ce peuple donc fait son devoir qui proclame le gouvernement qu'il croit le meilleur et qui le désigne à ses descendants. Il faut le tenir pour grand devant sa conscience et devant les hommes.

Maintenant que la génération future, ne prenant conseil que de sa volonté, ne consultant que sa pensée personnelle, s'insurge contre le passé et brise les traditions de ses pères, c'est son affaire.

Qu'elle use donc de sa liberté à ses risques et périls, mais aussi qu'elle ne s'en prenne qu'à elle-même de ses malheurs ! Puisse-t-elle ne pas payer trop cher l'imprudence et la légèreté qui lui ont fait perdre de vue cet anathème de la sagesse éternelle, vrai aussi dans l'ordre politique :

« Malheur à celui qui va seul, *væ soli!* »

Au reste, il faut le remarquer, toute cette philosophie démagogique qui nie toute solidarité, isole l'homme de ses semblables pour ne le faire relever que de sa raison particulière, cette théorie, disons-nous, part de l'indépendance absolue de l'individu pour arriver à la souveraineté de l'égoïsme.

Elle détruit donc radicalement le principe de l'ordre politique, puisque la société ne repose que sur l'idée du sacrifice de l'individu au bonheur de tous ; elle dissout toute association humaine ; et, poussée à ses dernières conséquences, elle détruirait même la famille qui ne subsiste que par l'indissolubilité du lien conjugal, c'est-à-dire, par le sacrifice que deux individus font de leur liberté naturelle pour le bonheur de leurs enfants, et par l'immolation des passions du cœur aux devoirs de la vie sociale.

Et c'est ainsi que toutes les vérités s'enchaînent par un lien secret, et qu'une erreur, après avoir ébranlé le pouvoir politique, peut du même coup miner les fondements de la famille.

XI.

Que l'hérédité est la condition nécessaire du progrès social.

Le temps est le premier ministre de Dieu dans le gouvernement du monde, mais c'est l'hérédité qui représente le temps et son action dans les choses humaines.

Ce n'est pas assez qu'une société soit maîtresse du présent, elle a besoin d'être sûre de l'avenir. La prospérité présente est doublée par la confiance que le sol demain ne tremblera pas sous nos pas.

Comment voulez-vous que le commerce s'étende, que les entreprises industrielles se développent dans une société inquiète de son lendemain, où l'organisation vacillante du pouvoir et les intermittences du gouvernement exposent l'ordre à des crises périodiques? Les capitaux se cachent au milieu des orages politiques, les transactions s'arrêtent quand les existences sont menacées. Le commerce, le travail, l'industrie ne fleurissent que sous un ciel serein, sous la douce influence de la paix, et la paix n'existe que par un pouvoir fort, incontesté et durable.

Mais c'est par l'hérédité seule que le pouvoir devient puissant, immortel comme la société.

Une génération alors peut entreprendre de longs travaux, certaine d'avance que les générations suivantes achèveront son œuvre.

Il n'y a plus d'interruption dans l'activité sociale, et le principe d'hérédité qui, dans la famille est le plus puissant mobile du travail et le complément de l'idée de propriété, ce principe, transporté dans la politique, y produit les mêmes prodiges et devient le principal agent de la prospérité de l'Etat.

Le mal des sociétés vient surtout de l'agitation des partis qui se disputent la possession du souverain pouvoir. C'est l'éternelle lutte qui fait le fond de toutes les révolutions.

Et en effet, plus le pouvoir est mobile, plus les ambitions sont excitées. Il ne fait que passer de main en main, et à mesure qu'il tombe plus bas et qu'il s'approche des régions de la médiocrité, le nombre des prétentions s'accroît. Les honneurs, les charges publiques deviennent le but de toutes les pensées. Les partis se forment, les coteries s'agitent, les rivalités se croisent, les intérêts se coalisent et se choquent, et l'Etat, au milieu de cette agitation fébrile, ne manifeste plus sa vie que par des convulsions continuelles.

L'hérédité prévient ces maux en élevant le pouvoir au-dessus même des espérances de l'ambition, et jusque dans les régions sereines du droit traditionnel. Elle prévient, elle modère ou elle éteint ces agitations inséparables des états électifs, et rend à la société le calme régulier de la vie.

Il faut donc produire artificiellement un grand citoyen, un citoyen immortel comme la société ; il faut placer si haut le pouvoir que nul n'ose prétendre de faire monter jusque là son ambition et ses prétentions.

Oui, le véritable progrès, la vraie liberté ne peuvent naître et vivre qu'à l'ombre du pouvoir héréditaire.

Les agitations des États où le pouvoir est mobile n'aboutissent jamais qu'au despotisme, car, au sein de l'anarchie, dit très-bien Mirabeau, le despote même paraît un sauveur.

Le pouvoir héréditaire fut toujours plus facile à limiter que le pouvoir électif. Des lois fondamentales tracent nettement la sphère de son action, chose impossible dans un État populaire où rien n'étant défini, parce que tout dépend de la volonté actuelle des peuples, les hommes que les caprices et la faveur de la multitude portent au gouvernement peuvent tout ce qu'ils entreprennent, et n'ont d'autres limites de leur puissance que celles de leur audace.

Ainsi, sous le régime héréditaire, les conquêtes de la liberté se font lentement, mais une fois faites ne se perdent plus. Chaque progrès acquis passe dans les mœurs et s'y perpétue.

C'est ce qui est arrivé en Angleterre. La constitution de ce pays a été formée pièce à pièce. Elle se compose de quelques articles arrachés à la grande Charte, de *précédents* sans dates précises recueillis par les jurisconsultes, et de quelques bills ajoutés selon les circonstances. Mais cette œuvre dure pourtant, et elle est d'autant plus chère au peuple anglais qu'il la regarde comme le plus précieux héritage de ses pères.

On s'est trop accoutumé parmi nous à ne voir dans la loi d'hérédité qu'un privilége établi au profit d'un individu ou d'une dynastie. L'hérédité, en France, est une institution constituée par le peuple dans l'intérêt de sa propre tranquillité, acceptée par la raison publique, ratifiée par le vœu de soixante assemblées générales de la nation, et dont la société est avant tout la bénéficiaire.

Laissons-là cette logique révolutionnaire, étroite et mesquine comme l'égoïsme qui l'inspire.

« Ce n'est pas pour la famille régnante que l'ordre de succession a été établi, mais parce qu'il est de l'intérêt de l'Etat qu'il y ait une famille régnante (1). »

Ainsi parle Montesquieu, et par là ce beau génie nous apprend à sortir des faits particuliers, et à nous élever, pour juger les institutions, jusqu'à.

(1) *Esprit des Lois*, liv. **xxvi**, chap 16.

la raison politique et générale de leur établissement.

On dirait à entendre les démocrates que le droit
héréditaire ne produit que des tyrans, et le principe électif que des grands hommes.

Soyons plus sincères. Le despotisme est moins
le fruit des institutions que des mœurs. Un peuple corrompu et qui a perdu ses mœurs politiques, laisse passer le despotisme dans ses lois,
parce que la force du pouvoir public est alors le
seul lien de la société.

Et que peut le principe électif contre cette décadence ? Il ne fait qu'activer le mal, en ajoutant
au péril de la société par la mobilité qu'il met
dans les institutions.

Il n'y a pas de république qui ne recoure périodiquement à la dictature. C'est un mal nécessaire dans les démocraties.

Rome dégénérée ne porte au pouvoir et ne
choisit que des imbéciles ou des scélérats. Quatorze siècles de monarchie héréditaire ne nous
ont donné qu'un Louis XI, et dix ans de régime
électif ont produit Bonaparte et avant lui, Robes-
pierre, le sanglant comité du salut public et des
légions de conventionnels. Voilà la réponse de
l'histoire.

La nature se montre partout avare de grands
hommes, et le régime électif ne sait pas les découvrir, ou il en fait un péril pour la société.

Voici des paroles d'un penseur que je livre à la
méditation des bons esprits : « Un grand homme
hors de sa place, comme ils sont presque tous dans
les républiques, n'est qu'un grand fléau, parce
qu'un grand homme veut créer de grands évènements, et qu'il ne produit que de grands malheurs.
— Marius, Sylla, César parurent trop tôt...

« Le plus grand bienfait de la royauté est d'épargner à la société une foule de grands hommes qui voudraient encore devenir plus grands (1)... »

Oui, je le répète, le principe électif est aveugle et incapable d'ordinaire de découvrir le mérite et la vertu.

L'élection peut bien, dans les dangers qui menacent un État, porter le plus digne au pouvoir, parce qu'alors les passions se taisent, et que l'homme sous la pression des évènements, ne suit plus que la voix de là nature. Mais hors de ces moments de crise qui ne permettent pas l'hésitation, l'élection, appliquée à la formation du pouvoir, ne se prononce guère qu'en faveur de la médiocrité ou de l'intrigue.

L'hérédité aussi a ses erreurs, je l'avoue, mais c'est un des avantages du droit héréditaire tempéré par le vote universel, de pouvoir se passer de grands hommes.

Des qualités communes suffisent à un chef héréditaire. L'affection des peuples, le prestige des souvenirs qui s'attachent à sa race, la force même du principe qui l'a établi, tout supplée à l'imperfection de son caractère ou de ses talents. D'un autre côté, le jeu des institutions représentatives porte à côté de lui les hommes capables et les grands ministres. La nation alors est à elle-même son perpétuel grand homme.

(1) De Bonald. *Théorie du pouvoir*, t. 1.

XII.

Que les sociétés tendent naturellement vers l'hérédité du pouvoir.

Nos capacités révolutionnaires ne semblent pas même soupçonner tout ce qu'il y a de vrai, de profondément social et de fécond dans l'idée du pouvoir héréditaire.

Peut-être cette institution est-elle trop naturelle et trop savante à la fois pour leur intelligence sophistiquée.

C'est une idée savante, qui a été comprise et respectée par les plus vigoureux génies. La science politique, on peut le dire, n'a pas de création plus simple à la fois et plus profonde dans ses conséquences, plus féconde dans ses applications.

Plus on réfléchira, plus on verra cette idée s'épanouir, comme une plante vigoureuse, en fruits abondants.

C'est une idée naturelle : elle va au bon sens populaire, qui en saisit fort bien les avantages, et qui, guidé par l'instinct et l'analogie, se plaît à bâtir l'Etat sur le modèle de la famille, et à en assurer le repos par les lois même qui perpétuent le genre humain.

Aussi cette idée se trouve-t-elle partout. Les peuples s'en écartent, mais y sont ramenés par une force invincible et secrète. Toutes les républiques de l'antiquité finissent par se réfugier sous le principe qui se rapproche le plus de l'hérédité, je veux dire l'unité du pouvoir. L'Europe entière, l'Europe chrétienne et civilisée, en a fait son gouvernement.

L'hérédité naît et grandit par l'instinct irréfléchi des peuples. Une nation adopte naturellement le fils du grand homme qui l'a gouvernée avec sagesse ou grandeur.

La France surtout a une pente naturelle vers le pouvoir héréditaire. Cette loi est visible dans la marche de la révolution de 1789.

M. Thiers lui-même en a fait la remarque : « La tyrannie multiple de la Convention vient se perdre dans le Directoire. De cinq directeurs nommés pour cinq ans, on passe rapidement à l'idée de trois consuls, à celle d'un seul consul de fait, ayant le pouvoir à vie. Dans une telle voie, on ne pouvait s'arrêter qu'après avoir franchi le dernier pas, c'est-à-dire après être revenu au pouvoir héréditaire (1). »

C'est que la France, qui veut l'ordre et la liberté, comprend très-bien qu'il faut pour cela au vote universel opposer le contrepoids du pouvoir héréditaire.

Notre siècle s'imagine qu'il a le premier songé aux formes électives. Erreur ! les Français n'ont pas attendu le XIXe siècle pour établir la comparaison entre les diverses formes de gouvernement.

. L'amour de la nouveauté, l'orgueil surtout, est la maladie de tous les siècles. Du temps de la Fronde, il y avait un parti républicain (2), et le

(1) *Histoire de l'Empire et du Consulat*, t. 4.

(2) « Le peuple fit de grandes clameurs ; nous entendîmes » même plusieurs voix qui crièrent : République ! » *Mémoires du cardinal de Retz.*

protestantisme avait eu son plan de république, divisée en cercles fédératifs et appuyée sur l'aristocratie féodale.

Mais la nature a été plus forte que la volonté des hommes, et tous ces rêves ont cédé à la force des choses.

Il en est cependant qui accusent l'hérédité d'impuissance et la regardent comme un principe usé pour n'avoir pas empêché la révolution de passer.

Ils ne songent pas que l'avantage des principes n'est pas qu'ils ne puissent être violés, — il faudrait détruire la liberté humaine, — mais d'offrir un terrain solide à l'esprit qui les accepte, et de fournir à l'intelligence une position logique, d'où elle puisse dominer les idées et les faits. La révolte contre les principes n'ébranle en rien leur certitude ni leur existence. Ils ne meurent jamais; ils subsistent à côté de l'intelligence qui les viole et les rejette, et ils ne demandent qu'à être remis en vigueur, pour amener leurs conséquences et donner tous leurs fruits.

La révolution, d'ailleurs, ne s'est pas faite contre l'hérédité, mais contre le droit divin, contre le droit constituant, contre les idées de privilége, contre les abus de l'ancien régime, enfin, avec lesquels on l'a confondue.

Ces griefs aujourd'hui n'existent plus. Les partisans du droit héréditaire sont en même temps les plus sincères défenseurs des libertés nationales : ils ont combattu pendant dix-huit ans pour le vote universel et ont rendu possible son triomphe.

La nation n'a donc plus rien à craindre du principe héréditaire, dégagé qu'il est de tous les éléments étrangers qui avait altéré, ce semble, la pureté de son titre.

XIII.

**Que l'appel au peuple est le moyen d'amener
le triomphe de l'esprit national.**

C'est un mot profond que celui de Cazalès :
« La Révolution finira par une assemblée générale de la nation. »

L'esprit national qui avait dicté les immortels cahiers de 89, et y avait inscrit la reconnaissance formelle du droit héréditaire et des libertés nationales, fut vaincu dans la salle du Jeu de Paume par l'esprit révolutionnaire qui s'est perpétué à l'aide de la violence et de l'insurrection, par la république, par l'empire et par l'usurpation doctrinaire et orléaniste.

Comment briser cette chaîne des faits révolutionnaires ? Comment élever la raison de la France au-dessus des prétentions des partis ? Comment faire prévaloir sa volonté contre leurs violences ?

Le moyen est simple et naturel, c'est d'appliquer le vote universel à la constitution du pouvoir.

La révolution a été la violation des vœux de la France délibérant tout entière dans les assemblées communales de 89, elle a été la négation de sa pensée et de ses traditions, une usurpation sur ses droits politiques, un attentat sur sa liberté. La révolution sera finie le jour où la France pourra exprimer ses vœux, dire ce qui est dans sa pensée, et fixer librement ses propres destinées.

Il faut donc demander au peuple entier quel gouvernement il entend se donner ; république démocratique ou monarchie représentative, pouvoir électif à terme, ou pouvoir héréditaire uni au vote universel ; en un mot, il faut en appeler à la nation.

L'appel au peuple est le mot de la situation, il est dans la logique du présent, il porte avec lui les solutions de l'avenir.

L'appel au peuple dissout les partis et les force à se fondre dans la volonté générale.

Quand la France aura parlé, qui osera ne pas reconnaître sa grande voix et décliner cet arbitrage souverain ?

L'appel au peuple tue le principe constituant dans toutes ses formes, absolutiste ou populaire. Il brise l'arme de l'insurrection dans la main des partis, étouffe sur leurs lèvres l'appel à la violence, à la souveraineté du but.

L'appel au peuple rétablit le principe d'autorité ébranlé par les révolutions, en plaçant le pouvoir sur la base morale du droit, en lui donnant la consécration du respect et de l'assentiment populaire. Le pouvoir alors sort pour ainsi dire de l'âme et du cœur de la nation, il est le prolongement de ses traditions, et sa force n'est autre que la force de l'opinion publique.

C'est par son esprit public que l'Angleterre est puissante, et qu'elle résiste aux crises qui la tourmentent. « Les cent mille Jacobins, dit un publiciste, qu'on a vus, à diverses reprises, dans les plaines de Copenhagen-House, la révolte des matelots, la suspension des paiements de la Banque, la folie de Georges III, ont offert de grandes occasions de bouleversement. Dans ces circonstances critiques, ce qui a préservé le pays, ce n'est point l'armée, c'est-à-dire la force, c'est la représentation anglaise et l'influence de cette représentation sur l'esprit public, c'est-à-dire l'autorité. »

L'appel au peuple chez nous réalisera ce miracle. Avec le principe révolutionnaire, le pouvoir vacille perpétuellement sous le souffle de l'émeute. Il est nécessaire que la nation se lève tout entière pour dire son dernier mot et pour créer une majorité incontestable, visible à tous.

Hors de là, nous serons condamnés à traîner à jamais le boulet des partis, à rouler, nouveaux Sisyphes, l'éternel rocher de la révolution.

XIV.

Nécessité de l'appel au peuple.

La plus grande faute qu'on ait faite depuis soixante ans, a été de ne pas consulter franchement le peuple français sur sa constitution.

En 1830, pour ne pas remonter plus haut, 219 députés, sans mandat constituant et nommés par cent mille électeurs et par le double vote, usurpèrent la souveraineté nationale, et osèrent, *par une criminelle démence* (1), renverser le prin-

---

(1) *Lettre* de M. Madier-Montjau, l'un des 219, et depuis si admirable de courage et de patriotisme.

cipe héréditaire et créer un nouveau gouvernement, sans consulter la nation.

Même faute, même usurpation en février 1848.
Quelques hommes, cette fois, portés par les
circonstances au gouvernement provisoire, prennent sur eux de *décréter* la forme du gouvernement et *de précipiter la France dans la Répu-*
blique (1).

Et cependant ces hommes avaient été avertis !
Un orateur, un grand citoyen, était monté à la
tribune pour leur signaler le danger. « Ne renou-
velez pas, leur disait-il, la faute de 1830, quand
on a nommé à l'Hôtel de Ville un gouvernement
sans consulter la France. Car, je vous le prédis,
vous attireriez sur vous les mêmes malheurs
qu'ont subis ceux qui viennent de tomber, et
vous dévoûriez à des calamités certaines ceux
que vous prétendez servir (2). »

Mais il y a plus ; ces hommes eux-mêmes qui
usurpaient le droit de la nation, avaient reconnu
hautement la nécessité d'en appeler au peuple
entier pour résoudre la question du gouvernement.

« Je ne me figure pas, c'est M. de Lamartine qui
parlait ainsi, qu'une *acclamation* momentanée
puisse fonder un gouvernement solide et incontesté pour 36 millions d'hommes. *Ce qu'une ac-*
clamation apporte, une autre acclamation peut
l'emporter.... Il faut aller jusqu'au fond du peuple
et du pays, il faut aller extraire du droit national
ce grand mystère de la souveraineté universelle,
d'où sortent tout ordre, toute liberté, toute vérité... Je demande qu'on institue un gouverne-

(1) Lamartine, *Conseiller du Peuple.*
(2) M. de Genoude, *séance du 24 février* 1848.

ment provisoire, qui ne *préjuge rien sur la nature
du gouvernement définitif qu'il plaira à la nation
de se choisir quand elle aura été interrogée* (1). »

M. Ledru-Rollin lui-même n'avait pas un autre
langage. « Je viens protester, s'écriait-il, contre
l'espèce de gouvernement (la Régence) qu'on est
venu proposer à cette tribune. Si vous prétendez
qu'un gouvernement par acclamation existe, nous
nous battrons encore au nom de la constitution
de 91 qui plane sur le pays, qui plane sur notre
histoire (2). »

Voilà ce qu'ils disaient le 24 février à la face
du pays. Après les paroles, voyons les actes.

Un gouvernement provisoire, sorti d'urgence
de la Chambre des Députés, s'installa à l'Hôtel
de Ville.

Il disait le 24 février :

« Au nom du peuple français, le gouvernement
provisoire *veut* la république, *sauf* ratification
par le peuple qui sera immédiatement consulté. »

Puis vint une déclaration ainsi conçue : « Le
gouvernement provisoire déclare que le gouvernement de la France EST le gouvernement républicain. » C'était le 26 février.

Enfin le *Moniteur* du 27 contient cette nouvelle
proclamation.

« La royauté, sous quelque forme que ce soit,
est abolie.

« Le gouvernement provisoire a pris toutes les
mesures nécessaires pour rendre impossible le
retour de l'ancienne dynastie et l'avènement
d'une dynastie nouvelle.

---

(1) *Discours* à la séance du 24 février. *Hist. de la Révolut.* de
1848, par Lamartine, t. 1, p. 209.

(2) *Discours* à la séance du 24 février 1848.

« La république est proclamée. »

Et le même jour, le gouvernement provisoire proclamait la république au pied de la colonne commémorative de l'insurrection de juillet.

Quel démenti donné aux principes républicains, sainement interprétés, par des hommes qui proclamaient la république ! Où ces hommes ont-ils pris le pouvoir constituant qu'ils se sont attribué ?

Ici les réflexions se pressent dans notre pensée, et pour donner plus de force à leur expression, nous laissons parler un écrivain qui a jugé ces faits avec fermeté et indépendance,

« A la vérité, dit-il, le gouvernement provisoire avait ajouté « que la nation serait appelée immédiatement *à ratifier* par son vote la résolution du gouvernement provisoire, » mais outre que ratifier une décision prise n'était pas la même chose pour la France, dans la situation donnée surtout, qu'examiner et décider s'il y avait lieu de la prendre, ce droit de ratifier qu'on voulait lui tenir en réserve, ne devait pas être respecté beaucoup plus longtemps que celui de *résoudre* qu'on lui avait soufflé immédiatement après l'avoir reconnu. Et en effet, deux jours n'étaient pas écoulés que déjà on avait rendu toute ratification inutile en proclamant officiellement la république, en déclarant toute royauté *à jamais* abolie.

« Aussi dans tous les actes officiels où il s'agissait de cet appel à la France qui avait dû avoir pour objet d'abord de la faire *délibérer sur le choix* du gouvernement qu'elle voudrait se donner, et puis seulement de lui faire *ratifier* le gouvernement républicain qu'on avait choisi et proclamé sans elle, ne fût-il plus question de l'appeler désormais que pour *organiser* ce gouvernement. Et c'est ainsi, par exemple, que, dans un manifeste du 17 mars, les membres du gouvernement provisoire, s'adressant aux électeurs du vote universel et les entretenant de la haute mission qu'ils vont avoir à remplir, se gardent bien de leur dire : Vous allez choisir le gouvernement que vous entendez vous donner, ni même : Vous allez *ratifier* le gouvernement que nous avons choisi pour vous ; car cette ratification pourrait entraîner une sorte d'examen, mais leur disent simplement : Vous allez organiser ce gouvernement ; vous allez organiser la république, ajoutant modestement : Nous n'avons fait, nous, que la proclamer, et oubliant sans doute qu'ils ont pris aussi le soin de la vouloir en principe, de la décider en fait, et qu'ils n'ont pas souffert que la France se donnât pour cela la moindre peine.

» Ainsi, la nation qui, au début de l'entreprise, devait seule choisir son gouvernement, réduite tout à coup à ratifier un gouvernement qu'elle n'avait pas choisi, a été dispensé de le ratifier, comme elle l'avait été de le choisir, et s'est même trouvée réduite, en définitive, au simple droit de l'organiser (1). »

Et ce n'était pas encore assez pour les constituants de 1848. M. de Lamartine, pour ne rien laisser à l'initiative de l'assemblée future, s'occupait, d'après les avis de Dupont (de l'Eure), de rédiger d'avance un plan de constitution. Les divisions intestines du gouvernement provisoire le forcèrent seules d'y renoncer (2).

<hr>

(1) M. Charles Dunoyer, *de la Révolution de février* 1849.
(2) M. de Lamartine, *Hist de la Révolut.* de 1848, t. 2, p. 343.

Mais en même temps le gouvernement provisoire mettait tout en œuvre, pour obtenir des départements une assemblée qui acceptât la forme politique par lui décrétée, et qui déclarât qu'il avait bien mérité de la patrie.

Des commissaires furent envoyés dans tous les arrondissements pour *faire* les élections. Cinq ou six cents individus choisis parmi ce que renfermaient de plus audacieux les sociétés politiques de Paris, et notamment *le Club des Clubs* et celui des *Droits de l'homme*, avec lesquels des membres du gouvernement se trouvaient en relations particulières, cinq à six cents hommes furent lancés de Paris dans toute la France, pour aller assurer le triomphe des partis violents (1),

Personne d'ailleurs n'a oublié les fameux bulletins du ministère de l'intérieur et les circulaires de Ledru-Rollin :

« Les élections, si elles ne font pas triompher la vérité sociale, les élections qui devaient être le salut de la république, seraient sa perte. Il n'y aurait alors qu'une voix de salut pour le peuple qui a fait les barricades ; ce serait de manifester une seconde fois sa volonté, et d'ajourner les décisions d'une fausse représentation nationale. Ce remède extrême, déplorable, la France voudrait-elle forcer Paris à y recourir (2)? »

Les élections furent faites sous la pression de ces menées. Jamais la corruption et l'influence gouvernementale n'agirent plus ouvertement On sait aujourd'hui, d'une évidence officielle, que cent vingt mille francs ont été donnés, sur les fonds secrets seulement, aux clubistes envoyés

(1) Ch. Dunoyer, *de la Révolut. de février.*
(2) *Bulletin de la République*, n° 16.

par Ledru-Rollin pour agir sur la province dans un but électoral (1).

Enfin l'Assemblée produite par ces élections parut, le 4 mai, sur le péristyle de la salle des séances devant *le peuple* qui la *demandait*, et c'est ainsi que, sans discussion préalable, sans conseil, fut *acclamée* la république.

« Ainsi, dit un écrivain, les membres du gouvernement provisoire ne voulurent pas, eux qui s'étaient si hautement récriés, le 24 février, contre un régime voté par acclamation, que la république put être votée autrement que sur acclamation (2). »

Puis, cette même Assemblée vota une constitution démocratique, mais qu'elle ne voulut pas, malgré les énergiques représentations de quelques-uns de ses membres, soumettre à la sanction du peuple.

Bien plus, cette constitution, par une contradiction étrange avec l'art. 111, nie le droit supérieur du peuple à se choisir son gouvernement, et lui interdit la faculté de déléguer le pouvoir à titre héréditaire. (Art. 18).

Ainsi le droit supérieur du peuple pour l'acceptation de son gouvernement n'a pas été directement exercé. Ainsi a été violé le droit primitif d'élection et de ratification qui doit s'exercer à l'origine de tout gouvernement.

Tout cela retombe sur la tête des membres du gouvernement provisoire qui, infidèles à leurs propres pensées, et malgré la voix de leur conscience, se sont arrogé le droit constituant, et

(1) *Rapport de la commission* sur l'examen des comptes du Gouvernement provisoire.
(2) Charles Dunoyer, *de la Révolut. de février.*

par une usurpation criminelle, se sont attribué un droit supérieur à celui du peuple entier.

Voilà l'accusation qui pèsera sur leur mémoire dans l'avenir; et déjà le jugement de la postérité commence pour eux.

« Oui, disait naguère un magistrat consciencieux, oui la France devait être consultée. Le gouvernement provisoire l'avait formellement promis. Réclamer cet appel au peuple était un devoir; et je le dirai, ce fut plus qu'une faute, *ce fut un crime* d'avoir inscrit ces mots : *République française*, au frontispice de la salle où l'Assemblée nationale devait se réunir (1). »

Ainsi le choix du peuple, le vote universel qui devait être au-dessus de tout, lié par les faits de l'usurpation du gouvernement provisoire, ne s'est jamais exercé qu'*au-dessous* des faits accomplis.

Il y a donc justice, logique et raison à rectifier cette déviation des principes par l'appel au peuple.

XV.

Légalité de l'appel au peuple.

Il est rare que les hommes parviennent à se soustraire complètement à la logique des principes de la société où ils vivent. Aussi l'esprit national s'introduisit, à l'insu des constituants

---

(1) M. l'avocat-général Mongis, *Discours dans le procès de la Gazette* du 25 août 1849.

de 1848, dans la constitution qu'ils ont rédigée.

L'art. 111 de cette constitution a consacré le droit du peuple entier à procéder à la révision de la constitution et à la modifier EN TOUT OU EN PARTIE.

Voilà donc une voie légale et pacifique ouverte à l'esprit national. L'appel à la nation pour la constitution du pouvoir est donc un acte régulier, rationnel et digne d'un bon citoyen.

Le droit est reconnu hautement par la constitution qui nous régit. Tous les Français sont donc appelés à préparer cette grande mesure de salut public, à émettre leur pensée pour la faire tourner au bien général.

Mais l'appel au peuple ne prend pas sa légitimité dans cette reconnaissance explicite de la constitution, elle la tire de plus haut encore, elle la puise dans le principe républicain qui est la base et toute la raison d'être du régime actuel.

D'après ce principe, le droit souverain du peuple reste supérieur à la constitution qui n'est qu'une forme passagère de la pensée populaire. Le peuple, interprète vivant de sa propre pensée, maître de sa propre existence, est dans ce système la source de tout droit.

Demander l'appel au peuple régulièrement convoqué, ce n'est donc pas attaquer les institutions républicaines, c'est au contraire se placer dans la logique de ces institutions : c'est remonter à ces *droits antérieurs et supérieurs aux lois positives* reconnus dans le préambule de la constitution actuelle (§ 111).

Oui, si l'appel à la nation pour la révision de la constitution, *en tout ou en partie*, est un délit, il faut dire que la constitution de 1848 est un piége, le principe qui lui sert de base un men-

songe, et que la liberté de discussion et d'examen
en matière politique n'existe plus

C'est donc notre droit, disons mieux, c'est notre
devoir de nous adresser à l'assemblée nationale
et à l'opinion publique, pour obtenir et mener à
bien la révision de la constitution par l'appel au
peuple. Nous devons user du droit de pétition
qui nous est garanti par la loi, et faire toutes les
propositions que pourront nous inspirer notre
patriotisme et le sentiment des besoins de la situation.

On nous dit que notre demande est préma-
turée, que le pays a soif d'ordre et que nous lui
proposons l'agitation.

Cela n'est pas sérieux.

C'est à la France à juger de l'opportunité de
notre demande, mais c'est à nous d'appeler son
attention sur les périls de la situation et sur les
moyens de les conjurer.

Sans doute la France veut l'ordre, mais l'ordre
a ses conditions nécessaires que la France doit
connaître; et c'est pour cela que nous lui indiquons
les solutions, et que nous voulons lui rendre la
liberté de ses mouvements, lui donner la parole
pour qu'elle puisse dire comment elle entend réaliser l'ordre dans ses institutions.

Le pays a montré depuis février ce qu'il fera si
on le laisse libre, si les meneurs parisiens le lais-
sent à son bon sens.

Il y a une force secrète qui nous pousse à remonter la pente révolutionnaire. Partis des faits
usurpateurs de février, nous nous sommes élevés,
à travers les émeutes et les factions, du gouvernement provisoire à Cavaignac, de Cavaignac au
10 décembre, de la constituante à la législative.
Ces étapes douloureuses dans la voie de l'ordre, ces

efforts surhumains pour nous soustraire à la logique des faits révolutionnaires, disent assez à quel but tendent les esprits.

Nous voulons donc que la France soit consultée directement, nous demandons qu'elle soit mise à portée de dire son dernier mot, *le bon mot*, et nous en appelons au peuple.

XVI.

Que la droite nationale doit réclamer l'appel au peuple.

La droite n'est pas un parti. Elle l'a prouvé par son abnégation, par cette persistance qu'elle a mise à résister aux séductions du régime orléaniste, à renoncer aux bénéfices du pouvoir pour rester fidèle aux principes.

La droite peut parler de l'ordre. Elle en conserve les traditions dans notre société; elle en porte les conditions naturelles, c'est-à-dire le droit héréditaire.

Elle peut aussi parler de liberté. Elle l'a défendue partout, elle l'a sauvée des atteintes du despotisme doctrinaire, elle a prouvé sa sincérité en posant pour base de sa politique, pendant dix-huit ans, la revendication du vote universel.

La droite peut donc se présenter au milieu des partis, l'olivier de la conciliation à la main, et les convier tous à s'unir sur le terrain des principes.

Une fois résolue d'agir, la droite doit saisir de cette question l'Assemblée nationale et l'opinion publique.

Placée au-dessus de toutes les intrigues, élevée au-dessus de toute idée personnelle, de tout inté- rêt particulier, touchant à la gauche par ses ten- dances populaires et libérales, aux centres par ses traditions conservatrices, c'est à elle qu'appar- tient naturellement l'initiative de l'appel au peuple. Seule elle est en position d'obtenir que la question soit posée et résolue en toute sincé- rité.

Grâce à son intervention, aucun escamotage ne serait possible. Unie et compacte en face des deux autres partis qui divisent l'assemblée, elle pourrait prévenir toute usurpation et sau- vegarder tour à tour l'ordre ou la liberté, se- lon qu'elle se porterait vers les centres ou vers la gauche.

C'est à la droite encore qu'il appartient de con- jurer d'autres périls, de rendre inutiles les efforts que tenterait la révolution pour troubler la con- science de la France, pour fausser sa réponse ou égarer ses idées par des questions de personnes, par la pression des faits.

Il est évident d'abord que l'appel au peuple devant être la rectification de tous les faits révolutionnaires, doit s'exercer au-dessus d'eux, et se dégager de toutes les questions de per- sonnes.

L'appel au peuple se prononce pour les prin- cipes, et ces principes ensuite ont leur personni- fication nécessaire et indépendante de toutes les volontés.

Par exemple, un peuple est libre d'admettre ou de rejeter la monarchie héréditaire. Mais ce principe admis, il faut aller jusqu'au bout. L'hérédité amène nécessairement l'héritier. Substituer un héritier nouveau au représentant naturel de ce principe, c'est rentrer dans le principe électif, c'est vouloir, par une inconséquence monstrueuse, greffer l'hérédité sur le principe révolutionnaire.

Il n'est donc pas raisonnable de se faire contre l'appel au peuple une arme des dangers de cette épreuve et de l'incertitude de ses résultats.

Ces dangers, il dépend de nous de les prévenir; cette incertitude, nous pouvons la fixer.

On ne peut tuer l'esprit révolutionnaire que par l'esprit national, et l'esprit national ne peut agir et parler que par l'appel au peuple.

Renoncer à cette voie d'action, c'est se perdre dans les atermoiements et dans les intrigues; c'est tourner le dos à la grande politique, à l'action droite et à ciel ouvert, pour demander une solution aux petites combinaisons des roués et des habiles; c'est se condamner à l'effacement et au silence.

Mais quelle pitié de voir les hommes de principes se mettre à la queue des intrigants, les défenseurs naturels de la vérité politique se ranger parmi les muets, les grands cœurs défaillir, les convictions s'effacer, les lumières pâlir et s'éteindre!

Comment! nous avons la solution de la situation, et nous laissons cette société s'égarer d'épreuves en épreuves, et user ses forces à de stériles essais! Nous possédons la vérité, et nous ne la faisons pas briller comme un flambeau devant les pas du peuple! Nous avons le cœur plein de foi, et nous craignons de parler; les mains pleines de vérité, et nous n'osons pas les ouvrir.

Une opinion ne peut vivre et se développer qu'à la condition d'agir, de marcher et de combattre. Le silence dans le monde des idées, c'est la mort.

Disons donc hautement ce qui est dans notre cœur, proclamons en face de tous ce qui est dans la logique de nos doctrines politiques.

Ayons foi dans le bon sens de notre pays, croyons à l'intelligence de l'esprit français.

D'ailleurs, l'expérience est là pour nous rassurer. L'appel au peuple a été fait d'une manière solennelle en 89, et l'on sait ce que le peuple répondit. L'esprit national n'eut qu'à se consulter pour trouver la véritable formule des lois de notre constitution naturelle.

L'appel au peuple se retrouva encore sur les lèvres de Louis XVI, et le roi aurait été sauvé par son peuple, si la révolution ne se fût hâtée d'étouffer ce cri sublime d'un cœur royal sous les roulements des tambours de Santerre...

Que si le peuple ne répondait pas selon nos espérances, eh bien ! ne serait-ce pas encore un assez beau résultat que de donner au pouvoir, quel qu'il fût, une base plus large et la consécration du vote universel ?

Et n'y aurait-il pas, d'ailleurs, une voie toujours ouverte en temps opportun aux principes traditionnels ?

L'appel au peuple ! voilà donc la politique du salut et de l'avenir, la politique de l'esprit national !

XVII.

Conclusion.

Français de tous les rangs, de toutes les opinions, c'est à vous que je m'adresse.

Vous le voyez, notre patrie s'affaisse sous nos discordes civiles et s'affaiblit par nos divisions.

Le torrent révolutionnaire fait plier les dernières digues et menace d'entraîner dans son cours les pouvoirs, les institutions, les palais, les temples, les chaumières, la civilisation tout entière.

Il est temps de rendre à cette société, menacée par le dernier flot de la révolution, le principe qui l'abritera contre le péril et lui rendra paix et prospérité.

Laissons-là les demi-mesures, les compositions avec les faux principes, et toutes ces habiletés qui ne font que prolonger le mal. Plaçons-nous dans la vérité, proclamons-là avec courage, et nous serons sauvés par elle.

Quand les grandes eaux inondèrent le globe, il se trouva aussi des habiles, des sages et des prudents qui crurent se sauver en leur opposant des digues, des murailles, de fragiles cloisons, ouvrages de la main des hommes... Et il n'y eut de salut que pour ceux qui crurent en Dieu, et cherchèrent un point d'appui au-dessus même de la fureur des flots.

Aujourd'hui le principe d'autorité s'offre à nous comme l'arche du salut dans le déluge qui nous menace.

Mais gardons-nous de confondre l'autorité avec les idées qui se présentent sous ce nom. Pouvoir héréditaire, voilà le vrai nom de l'autorité.

L'autorité n'est pas un fait matériel, c'est avant tout une idée morale; ce n'est pas une création de la force, mais l'expression d'une loi sociale; elle ne sort pas d'une acclamation, ni d'une surprise, ni des flancs d'une barricade ou d'une urne à scrutin, elle tire son origine et sa puissance des besoins de chaque société, du droit public et traditionnel de chaque peuple.

C'est l'idée révolutionnaire qui nous a perdus, et qui, comme un cancer attaché à nos flancs, nous ronge et nous dévore.

Oui, nous avons proclamé la légitimité de l'insurrection, nous avons eu des couronnes pour toutes les révoltes, nous avons battu des mains à chaque phase révolutionnaire, nous avons applaudi à l'ouragan tant qu'il ne battait que les hautes cîmes, à l'incendie, tant qu'il ne dévorait que la maison de notre voisin.

Soyons donc logiques une fois, et si nous voulons contenir le socialisme, disons anathême à l'insurrection qui l'a enfanté, et revenons au principe de l'autorité, au pouvoir héréditaire.

Il y a des hommes qui prétendent avoir le remède pour guérir la société, et ils nous offrent les doctrines qui l'ont désorganisée; ils proclament la nécessité de l'ordre, et ils caressent en secret les principes de l'égoïsme et de l'anarchie; ils se disent conservateurs, et ils gardent dans leur cœur les maximes révolutionnaires. Prétendre faire de l'ordre avec l'esprit de la révolu-

tion, c'est vouloir bâtir dans les airs. La logique
nous le crie, une dernière et terrible expérience
nous l'apprendra bientôt, si nous nous obstinons
à ce labeur ingrat et stérile, si nous voulons
poursuivre cette folle gageure contre le bon sens
et contre Dieu.

Aujourd'hui comprenons notre devoir. Tous,
nous avons fait des fautes, jetons un voile sur les
erreurs du passé pour ne plus songer qu'à préparer l'avenir.

Unissons-nous dans une même pensée, dans
une même foi politique, dans la reconnaissance
du droit national.

Depuis soixante ans nous avons été tour à tour
ou à la fois démocrates, impérialistes, conservateurs, orléanistes, modérés, révolutionnaires,
soyons enfin nous-mêmes; soyons Français.

Ensevelissons nos rancunes, nos prétentions,
notre égoïsme, nos coteries, nos systèmes, dans
un sentiment, dans une vaste et unique pensée :
l'amour de la France.

L'amour de la France ! ce sera le rapproche-
ment de toutes les classes, la fusion de tous les
intérêts, l'union de tous les cœurs, de toutes les
volontés ; ce sera chez le riche le dévoûment au
bien-être de l'ouvrier, au soulagement du peuple,
et chez le pauvre le travail, le respect des droits
acquis, la pratique du devoir ; ce sera partout
l'abnégation, le sacrifice et la charité ; ce sera
enfin le progrès social par la paix et l'amour, au
rebours du progrès révolutionnaire par l'insurrection, l'émeute et le pillage.

France ! France ! ce mot magique a conduit nos
pères à tous les champs de bataille, à tous les devoirs, à toutes les gloires. Il enflammait le courage du soldat et le faisait triompher ou mourir ;

il vivait dans l'âme du magistrat comme dans celle de l'artiste; il inspirait tous nos héroïsmes, tous nos chefs-d'œuvre, toutes les merveilles, tous les progrès de la grande nation.

Interrogeons notre conscience, et dans le silence de nos passions, en face de Dieu et de la justice, demandons-nous ce que la France attend de nous, ce qu'il faut faire pour la sauver et la rendre à sa grandeur. La voix du patriotisme et de la raison ne nous trompera pas, et notre âme s'ouvrira d'elle-même aux principes de la vérité et du droit national qui nous crient : « *Ouvrez ! c'est la fortune de la France !* »

FIN.

TABLE.

FIN DE LA TABLE.